U0124740

人类不会停止说谎

关于战争、权力、阴谋的世界史

A Short History of the World in 50 Lies

[英] 娜塔莎·蒂德（Natasha Tidd） / 著

刘杰　陈锐珊　李秋宜 / 译

中国友谊出版公司

序言

　　如果你和我的经历一样，那么，从小时候起，父母就教导我们不要说谎，说谎是不对的。经验之谈，可谓放之四海而皆准。这并不是说我们从不说谎；事实上，多项研究发现，说谎乃人类天性。为了呵护自己那颗柔弱的心脏，或者为了摆脱某种困境，谁不曾说过善意的谎言呢？尽管如此，我们仍然告诫我们的孩子不要说谎，而且言之凿凿。即使我们把道德和伦理先抛在一边，从实际的角度来看，撒谎也常具破坏性，这种破坏力会持续发酵，直至失控，从而造成当事双方之间巨大的分裂以及多米诺骨牌效应，此时，局面再难挽回。如果说这是谎言对个体生命造成的影响，那么不难想象，谎言给人类历史带来的影响，又是何其巨大。

谎言在历史上所造成的毁灭是无法挽回的，它伴随着意识形态、宗教和帝国的兴衰起落。本书只罗列了其中的众多谎言，有的跨越了数个世纪，有的看似自成一体，但不管怎样，每一个谎言都会在时间轴上激起圈圈涟漪。我们将对谎言的演变历程进行探索。先走进古代世界，看早期政治欺骗和掩盖艺术。然后来到中世纪，我们会看到一种出于当前叙事需要而改写历史的风尚，以及利用出版物来推动虚假议程和意识形态的做法。到了近代早期，我们将看到谎言的基本要素如何像滚雪球般逐渐失控，还有阴谋论的日渐盛行以及见怪不怪的伪证。19 世纪新技术不断涌现，促进了虚假新闻的兴起和发展——从荒唐可笑的骗局到给整个世界招致灾难性后果的新闻报道。最后，我们在 20 世纪将见证谎言的演变如何达到巅峰，从大规模掩盖殖民暴行到宣传战争，再到一条虚假新闻致使数百万生命凋零。

在本书中，我们将横穿人类史上一些最黑暗的时刻。有时会觉得黯然无望，但谎言的泥潭中总会有一线光亮。因为，当我们揭开历史的谎言，我们不但可以更好地了解历史本身，而且可以更好地了解历史留给我们今天的遗产。本书与其说是一本关于揭开真相的书，不如说是一本解开掩盖真相的谎言之网，并审视为何这张网最初存在的书。

目录

第一部分　古代世界—————————————001

冒牌巴尔迪亚 / 003

塞米斯托克利斯给薛西斯的传信 / 008

尤利乌斯·恺撒和政治谎言的肇始 / 012

西塞罗的《斥安东尼》/ 016

阿米纽斯和条顿堡林山战役 / 020

《秘史》/ 024

第二部分　中世纪━━━━━━━━━━━⬤029

武皇后的罪行 / 031

魔法和蒙茅斯的杰弗里 / 034

科穆宁王朝的灭亡 / 038

被出卖的圣殿骑士团 / 044

让娜和她的黑色舰队 / 049

《约翰·曼德维尔爵士游记》/ 053

第三部分　近代早期━━━━━━━━━━━⬤059

特伦特城的西蒙以及血祭仪式 / 061

西班牙异端裁判所：腐败与混乱 / 065

《女巫之锤》与编造的巫术 / 070

教皇琼的传奇故事 / 075

大伪装者珀金·沃贝克 / 079

《君士坦丁赠礼》/ 083

征服阿兹特克 / 087

亨利八世：把谎言变成法律 / 094

诺查丹玛斯的连篇谎言 / 099

万历朝鲜战争及一塌糊涂的和平谈判 / 104

三个德米特里王子 / 108

毒药事件 / 114

玛丽·托夫特：一个产下兔子的女人 / 120

米尔·贾法尔的谎言 / 124

为自由而战的约瑟夫·奈特 / 131

玛丽·安托瓦内特失踪的钻石 / 136

第四部分　十九世纪————141

《彼得大帝遗嘱》 / 143

格雷戈·麦格雷戈的虚构世界 / 147

月亮大骗局 / 152

亚伯拉罕·林肯及异族通婚的出现 / 156

最强骗子 / 161

俾斯麦及其战争之道 / 166

缅因号和新闻大战 / 171

德雷福斯事件 / 176

第五部分　二十世纪──────181

集中营的谎言 / 183

《锡安长老议定书》/ 189

暴力宣传 / 194

关于西班牙流感的新闻审查 / 199

安娜，还是安娜斯塔西娅？ / 203

塔斯基吉梅毒实验 / 208

特莱西恩施塔特"大剧院" / 213

制造叛徒：伊娃·托古里·达基诺 / 218

人口普查的真相 / 223

遗产行动 / 227

米拉瓦尔姐妹被掩盖的真相 / 232

美莱大屠杀谎言遗产 / 237

切尔诺贝利灾难 / 241

编后记 / 244

致谢 / 246

参考书目 / 247

第一部分　古代世界

冒牌巴尔迪亚

在古代历史上，大流士大帝（Darius the Great）是世人经常提起和赞美的人物之一，他是波斯①王朝（Achaemenid Persian Empire）的第三任国王。在他治下，波斯帝国的疆域远远拓展至其发迹的伊朗之外，包括西亚、高加索、巴尔干，以及中亚和埃及的部分地区。他励精图治，不断增强帝国实力，积累财富，实施开明的宗教政策，使南征北战打下的各块领土不断加强融合。这一番不朽功业使其成为历史上为数不多无愧于"大帝"之称的统治者之一。然而，这个故事却隐藏着一个弥天大谎，其实大流士并非第三任国王，而是第四任。那么，他是如何干掉了那位被历史遗忘的统治者，并且将真相从历史记忆中抹去的呢？搞清楚了这些，我们就会了解到一个真实的大流士。

波斯帝国始于公元前 550 年，成就不凡的居鲁士大帝（Cyrus the Great）是该帝国的奠基者。他在公元前 559 年至公元前 530 年这近 30 年的统治期间，先后征服了米底（Medes）、吕底亚（Lydia）和新巴

---

① 即波斯帝国，建立于公元前550年，于公元前330年灭亡。——译者注，本书脚注均为编译者所加。

比伦帝国（Neo-Babylonian Empire）。为使新生帝国的基业继续壮大，居鲁士有两个儿子可供选择来继承其位：冈比西斯（Cambyses）和巴尔迪亚（Bardiya）。这两人中，巴尔迪亚可以说更具治国之才，冈比西斯则以反复无常而闻名，但他年长一些，所以当居鲁士于公元前530年去世后，冈比西斯上台，加冕为冈比西斯二世。起初，一切都很顺利。尽管冈比西斯表现出专制倾向，但在他治下的最初几年，世事太平。当他着手准备入侵埃及时，情况便有了变化。冈比西斯声称自己做了几场梦，梦里巴尔迪亚强取豪夺，从他手中抢走了帝国。冈比西斯并不认为这只是梦那么简单，也没有考证梦中内容的合理性，而是视之为一种先兆，于是不顾一切地秘密派人暗杀了自己的亲兄弟，并对他的死讯秘而不宣。做完这一切，冈比西斯看起来又恢复了精神，继续征战埃及。

但一个人杀害自己的亲兄弟，往往会遭受报应。冈比西斯的报应便是，当他在公元前522年7月去世时，王朝中没有直系继承人来接替他的位置。于是，国王的宝座便成为各方争夺的对象。此时一位颇不寻常的竞争者出现了——巴尔迪亚。这当然不是真正的巴尔迪亚，而是一个名叫高墨达（Gaumata）的法师假冒的。此人在公元前522年初就开始冒充巴尔迪亚。当冈比西斯还在埃及时，这个冒牌儿的巴尔迪亚就来到波斯，纠集起一众支持者来反对自己的"兄长"，并引发了一场叛乱。冈比西斯去世时，这场短命的叛乱得以平息，巴尔迪亚篡位登基。在冈比西斯的亲信者看来，这太不公平了，是可忍，孰不可忍：他们心中清楚，真正的巴尔迪亚已被秘密杀害，所以，这个新国王无权统治这个国家，并且还会危及整个帝国的安全。公元前522年9月，冈比西斯的长矛手大流士带人设计圈套抓住了高墨达，并将其处死。

随着假国王的一命呜呼,大流士因拯救了波斯帝国而顺理成章地成为帝国新一任君主,即大流士大帝。

骗取传说

贝希斯敦铭文附有一块巨大的雕刻,大流士大帝仰望着法拉瓦哈符号(symbol of Faravahar),这象征着他的神性和权力。有一个被认为是高墨达的人,被大流士踩到脚下的泥土里,这表明没有篡位者能夺走一位真正的国王的王位。

这是大流士本人关于事情来龙去脉的叙事版本,贝希斯敦铭文(Behistun Inscription)中有此记载。贝希斯敦铭文是大流士命人刻在伊朗西部贝希斯敦山上的文字,一五一十记录了其取得王位的经过,石刻时间在公元前522年到公元前486年之间。然而,奇怪的是,对于这样一场历史性政变,仅有两个主要证据可以佐证大流士的说法:贝希斯敦铭文和希腊历史学家希罗多德(Herodotus)的著作。希罗多德在其公元前430年出版的巨著《历史》中,讲到了这位"李鬼"巴尔迪亚的故事。希罗多德的讲述很多直接引自贝希斯敦铭文,其余则是他一番添油加醋、凭空捏造出来的内容,没有历史依据。不过,在希罗多德的版本中,高墨达被两兄弟替换了,他们是帕提泽特斯(Patizeithes)和司美尔迪斯(Smerdis)。前者充当着类似木偶提线人的角色,凭其一番精心编造的谎言,将司美尔迪斯推上了王位。直到人们发现司美尔迪斯没有耳朵,而巴尔迪亚本人是有耳朵的,这才东窗事发。

　　希罗多德版本中出现的两兄弟，以及随后围绕耳朵展开的调查，使其说法显得过于牵强，难以令人信服。然而，大流士大帝的说法也并非没有明显破绽。史学家们认真研究了其逻辑上的漏洞——如果冈比西斯确实在公元前 525 年秘密杀害了他的弟弟，怎会没有人注意到巴尔迪亚的消失呢？高墨达又如何得知巴尔迪亚已死，从而能成功冒充巴尔迪亚呢？在当时，杀害一位帝国王子，且做到神不知鬼不觉，几乎是不可能的。随着埃及战役日益临近，王室成员必定会参与其中，这意味着如果巴尔迪亚没有参与，一定会被记录在案。他缺席的唯一可能是他在其他地方担任总督，可如果是这种情况，他的突然缺席也将会有所记录。同样，如果巴尔迪亚确已被秘密杀害，三年后高墨达假冒他的身份突然现身，历史也不可能没有留下记录。作为居鲁士之子，冈比西斯的弟弟，巴尔迪亚这样一位家喻户晓的人物，一举一动都会留下痕迹。

　　那么，巴尔迪亚到底是怎么回事呢？答案或许出奇地简单：根本就没有所谓的冒牌巴尔迪亚。巴尔迪亚并未在公元前 525 年被杀害，他的兄长冈比西斯在埃及作战时，他留在波斯摄政。从巴比伦文献中我们可以看到，公元前 522 年春，巴尔迪亚被封为"巴比伦王，土地之王"，并似乎在这一年开始了反对兄长的行动。数月后，冈比西斯去世，巴尔迪亚登基。

　　至于大流士大帝为何要编造假巴尔迪亚的故事，答案也很简单——为了获得权力。跟冈比西斯一样，巴尔迪亚也没有子嗣继承他的王位，所以如果他死了，波斯帝国将命运难卜。几乎可以肯定的是，大流士审时度势，乘机杀死了巴尔迪亚，并捏造出冒牌巴尔迪亚一说，以树立自己作为帝国救世主的形象，固牢自己帝国统治者的地位。

尽管上位之路充满了奸巧欺诈，但大流士大帝被世人视为波斯帝国最伟大的统治者之一。在他治下，帝国疆域空前辽阔，文化空前繁荣。然而，盛世难长久。大流士的继承人薛西斯（Xerxes）没有其父高超的撒谎本领，而这终将导致帝国的衰亡。

塞米斯托克利斯给薛西斯的传信

公元前486年，当薛西斯一世在其父大流士大帝死后继承王位时，波斯帝国正处于鼎盛时期。然而，疆土辽阔，战乱频仍。薛西斯甫一登上王位，便立即前往埃及镇压起义，不久，即公元前484年，巴比伦又爆发了两次起义。薛西斯一一化解危难，这不但证明了他有治国之才——尽管有时手段十分残忍，并且拥有强大的军事实力。所以，不足为奇的是，在位短短数年之后，薛西斯就决定去完成父亲夙愿——远征希腊。

入侵希腊绝非易事。公元前492年，大流士大帝第一次举兵远征希腊，不足两年便以惨败告终。薛西斯不想重蹈覆辙，于是一面积极扩军，一面修建桥梁、开凿河道，以便自己的士兵和船只顺利攻入希腊。公元前481年，终于一切准备就绪，整个波斯帝国的军队也集结完毕。大敌当前，希腊众城邦以雅典和斯巴达为首，结成军事同盟，联合对抗波斯人的入侵。但事实证明，薛西斯前期的准备工作没有白费，公元前480年，他的军队已经稳步向希腊海岸推进。希腊遭遇了有史以来最强大敌军的侵犯，一座又一座城池先后沦陷。是年夏末，双方将在温泉关（Thermopylae）进行他们之间的第一场大战。7000名希腊士兵，以 300 名斯巴达精锐士兵为先锋，在狭窄的隘口筑起一道屏障——尽管双方力量悬殊，但他们脚下固守的地形让薛西斯无法投入所有的兵力。两天来，双方展开厮杀，薛西斯派往隘口的每一支队伍均铩羽而归。最终，薛西斯调集大军，从侧翼进行包抄。波斯人进城以后，大部分希腊军队放弃了战斗，只剩下斯巴达士兵和数百名特斯匹伊（Thespiae）士兵在执行自杀式任务，以尽可能地阻挡波斯帝国军队的进攻。

温泉关战役之后，薛西斯的大军所向披靡。他们很快占领了更多的土地，凡遇抵抗，便放火焚城，以儆效尤。公元前 480 年夏末，雅典被占领，薛西斯下令立即摧毁它。希腊大陆大片地区已沦陷，但要确保最终胜利，薛西斯还需击溃希腊海军。希腊海军驻扎在萨拉米斯岛（Salamis）海岸，与雅典海岸仅隔萨罗尼克湾（Saronic Gulf）遥遥相望。相较于强大的对手，希腊军队依然力量薄弱，薛西斯的另一场决定性胜利似乎近在咫尺。然而，希腊还有一张王牌，那就是雅典将军兼政治家塞米斯托克利斯（Themistocles）。

这就是斯巴达

　　温泉关战役催生出有关 300 勇士的神话，这在很大程度上得益于希罗多德将斯巴达领袖莱昂尼达斯（Leonidas）和他的部下奉为勇敢的战斗机器，歌颂他们的顽强不屈，以及为不朽荣耀而战的精神。这反过来又印证了这一流传甚广的神话，即在战斗中，所有的斯巴达士兵战不胜，毋宁死。

当大多数希腊领导人被迫放弃萨拉米斯岛的阵地时——毕竟，败局已无可挽回，塞米斯托克利斯却仍在坚守。萨拉米斯岛附近的水域狭窄，他认为希腊战船此时会派上大用场，可以发挥小船优势，将薛西斯的巨型战船困在萨拉米斯海峡。这是一步险棋，因为同样的战术曾在温泉关战役中使用过，结果是失败的。然而，塞米斯托克利斯另有盘算。薛西斯在希腊阵营中安插了耳目，此时应该已经听说希腊人正在为萨拉米斯该弃该守而争个不休，于是，塞米斯托克利斯布下了一个陷阱。

塞米斯托克利斯派出一位特使给薛西斯传信：塞米斯托克利斯和他的雅典军队被其他希腊军队出卖了，所以他们现在想投顺薛西斯。为了打消薛西斯的疑虑，塞米斯托克利斯还补充说，其他希腊战船正准备逃跑，事不宜迟，薛西斯应趁机出击，雅典军队也会助其一臂之力。对此，薛西斯信以为真。

波斯人的舰船驶入萨拉米斯海峡，起初，一切正常，塞米斯托克利斯似乎没有违背承诺。船队继续前行，有几艘希腊船只看起来试图逃跑，但这不过是诱敌深入之计，目的是将薛西斯的军队引进狭窄水域，随后希腊军队将波斯人团团包围，来了个瓮中捉鳖，波斯帝国大败。后来的事实证明，此一役成了薛西斯入侵希腊这一宏伟计划的转折点。由于海军舰队遭受重创，薛西斯只能撤军，将大部分部队撤回国内，只留下一小支军队继续与希腊人周旋。公元前479年，这支部队也被击败。

众不敌寡似乎还不足以让薛西斯感到难堪。希腊获胜以后，开始收复被波斯帝国占领的希腊领土。公元前466年前后，薛西斯再次试图在希腊立足，仍未能如愿。他即位之初，帝国的军事强盛无敌，但到了他的人生末期，决策屡屡失误，暴露出波斯帝国的种种弱点，而这将是致命的。公元前465年，薛西斯在一场争夺王位的阴谋中被神秘杀害——这与大流士大帝当时如出一辙，颇具讽刺意味。波斯帝国从此由盛转衰，薛西斯治下的全盛景象也一去不返。最终，公元前 330 年，在亚历山大大帝的军队进攻下，帝国灭亡。

尤利乌斯·恺撒和政治谎言的肇始

在波斯帝国灭亡之后的几个世纪里，另一个不朽的世界超级大国——罗马共和国——日渐崛起。公元前 58 年，其史上最著名的人物之一正着手策划一项颇有现代意味的创新之举——政治谎言。

在恺撒成为帝国最伟大的政治家之一之前（当然，此时也未有"三月厄运"①一说），尤利乌斯·恺撒（Julius Caesar）债台高筑，债务之多令人难以想象——仅在公元前 61 年，他就从共和国最富有的人之一克拉苏（Crassus）那里借了一笔数目空前的巨款，然而对于早已负债累累的恺撒而言，他根本无力偿还此巨额债务。在罗马共和国，一个人登攀政治权力的阶梯是一项昂贵的游戏，每爬一阶都要行贿，收买人心，花费往往不菲。如果这笔钱打了水漂，或者偿还不了债主，那么，政客们不但会破产，而且会因名声扫地而被明令禁止参与政治生活。这样的下场正等待着恺撒。公元前 59 年，他刚刚结束了执政官的任期，这是最高的行政职位，并被授予了为期 5 年的总督职位，其中包括管

---

① 根据古罗马日历，三月厄运（the Ides of March）指三月十五日，这一天，罗马政治家恺撒大帝被暗杀身亡。曾有预言者事前提醒恺撒要提防这个日子。英国剧作家莎士比亚在其戏剧《恺撒大帝》中首次使用了"beware the ides of March"这一表达。

辖位于高卢的两块罗马统治区域。然而，如果他不尽快解决自己的债务问题的话，他将会一无所有。

但是恺撒认为，他或许已经在高卢找到了免罪金牌。高卢是位于西欧的一块辽阔区域，覆盖今天的法国、卢森堡、比利时，以及德国、瑞士、意大利和荷兰的部分地区。高卢大部分区域是独立的，由不同的民族和部落统治，然而，恺撒希望改变这种现状。如果他能与高卢的某个地区开战，就能摆脱债务。高卢遍地都是财富，等待着被人掠夺，而罗马兴盛的奴隶贸易一直对战俘狼贪虎视。恺撒需要做的就是找一个开战的理由，于是他把目光投向了一个名叫赫尔维蒂（Helvetii）的高卢部落联盟。

赫尔维蒂人占据着高卢瑞士高原的大块区域。公元前 58 年，他们请求恺撒允许其经由罗马人统治区域向西迁徙。恺撒拒绝了这个请求，他倒希望赫尔维蒂人强行闯入，为他提供作战的借口。但赫尔维蒂人采取了和平方式，选择另寻线路。煮熟的鸭子怎可再让它飞掉？恺撒召集军团，跟随其后，在对方试图渡过索恩河（River Sâone）时，对迁徙队伍进行伏击。赫尔维蒂的提古里尼部落（Tigurini）被屠戮殆尽。接下来又爆发了几场血腥的小规模冲突，最终赫尔维蒂人被打败，又回到故土，成为罗马和高卢更多敌对地区——尤其是危险的日耳曼部落——之间的缓冲区。现在富得流油的恺撒已经找到了制胜法宝——发动战争，摆脱债务，获得权力。高卢战争就这样爆发了。

然而，恺撒这一策略存在一个大的弊病。为了向罗马共和国的权力顶峰继续攀登，他需要维护一副良好的形象，而为解决债务危机去发动战争，面儿上并不好看。恺撒必须在真相之外另提一套说法，以使他采取的一系列军事行动貌似对其本人，以及所有罗马人均有好处。

于是，在不断有军事报告出炉之时，恺撒决定发表自己的版本，这就是《高卢战记》（Commentarii de Bello Gallico）。恺撒在书里解释说，他派兵追击赫尔维蒂人，也是不得已而为之，因为赫尔维蒂打算迁移到罗马省近旁，对所有罗马人构成了安全威胁〔其实，赫尔维蒂人的迁徙之地距该地区有 200 英里（1 英里 =1.61 千米）之遥〕。至于对提古里尼部落的大屠杀，恺撒声称此乃神旨，提古里尼人在 50 年前的公元前 107 年，曾多多少少参与了杀害恺撒妻子的一位先人的恶行。恺撒的这份陈述或许是最著名的早期政治谎言的例子，通过歪曲事实来为自己残忍卑鄙的手段进行粉饰。

在高卢战争持续期间，恺撒利用新建立起的宣传机器，专门将战时暴行粉饰成正义和正当行动。例如，公元前 57 年，比利时内尔维部落（Nervii）的 5.3 万人被卖身为奴，不应归咎为罗马的贪婪，而是因为敌人的阴谋和违背誓言。公元前 53 年，希腊军队将埃布隆部落（Eburones）的一些村庄洗劫一空，也被说成是恺撒为抓获一位叛军领袖而采取的必要手段。当对该叛军领袖寻而不得时，他下令一把大火烧掉了村民的房屋和庄稼，将人们活活饿死，恺撒也说自己别无他法。他说如果这些人活命的话，那他们"永远不会让叛军首领回来"。

最离奇的谎言或许来自恺撒于公元前 55 年对日耳曼乌西佩特（Usipetes）和腾克特里（Tencteri）两个部落的平民大屠杀。恺撒声称他们大多数人不是死于罗马人之手，而是在发现"逃跑无望后集体自杀"。

占领高卢

> 高卢战争对恺撒日后升任罗马独裁官意义非同寻常。公元前 50 年，战争结束后，恺撒征服了整个高卢和不列颠的部分地区，其财富积累之巨，超乎人的想象，同时也开启了高卢地区长达近 5 个世纪的罗马统治时代。

有趣的是，恺撒的欺世之谎不仅骗过了罗马共和国以及后来的罗马帝国，也骗过了历史。事实上，《高卢战记》被视为有史以来最伟大的战争报告之一，人们对之赞誉有加，这种情形一直持续到 20 世纪中叶。历史学家最终还是发现了端倪，但不是根据其种种可疑的说辞，而是根据他所用到的数字。在该评论中，恺撒声称击败了对手数目庞大的军队，例如，他宣称乌西佩特和腾克特里有 43 万人之众，罗马人未损失一兵一卒便大获全胜而归。先不说这一死亡数字可能性不大，我们若将恺撒所言与现代历史学家关于这一时期的研究数据相对照，一眼便知，当时乌西佩特和腾克特里绝不可能拥有如此规模的兵力。恺撒故意夸大了对手的实力，目的是沽名钓誉，抬升自己。上述对有关军事数据的调查犹如打开了一道泄洪的闸门，史学家对恺撒所言开始进行巨细无遗的审视。

世人花了 2000 年的时间，才逐一解开尤利乌斯·恺撒巧妙编织的谎言之网。时至今日，《高卢战记》不再被视为符合历史事实之作，而是被看成最早期政治谎言及其种种危害的范本。

西塞罗的《斥安东尼》

恺撒所开创的政治欺骗术并未随着他的去世而寿终正寝。事实上，他被暗杀身亡后，另一位罗马政治家马库斯·图利乌斯·西塞罗（Marcus Tullius Cicero）将恺撒的这一做法"发扬光大"，使得宣传和欺骗之间的界限变得不再清晰，由此诞生了一则最早期的虚假新闻。

公元前 44 年 3 月 15 日，刚受封"终身独裁官"不久，正春风得意、尽情享受罗马共和国专制大权的尤利乌斯·恺撒，被一帮反对派的元老围住，他们每人手中都握着刀。元老们认为没有人应该拥有绝对而不受约束的权力，即使不得不有一个人拥有此权力，那也绝对不能是恺撒。他们一齐挥刀向前，杀死了恺撒。这些人视自己为解放者，救人民于水深火热的暴君统治。然而人民并不买账。恺撒深受中下层社会阶级的爱戴，他们认为恺撒之死，是因极少数人丧心病狂的争权夺势所致。于是国家陷入了内讧和骚乱，马库斯·图利乌斯·西塞罗也卷入其中。他没有参与刺杀恺撒的阴谋。但当听说这位独裁官死亡的消息后，他欣喜若狂。西赛罗希望抓住这一扭转乾坤的大好时机，使罗马共和国重回恺撒统治之前的政体。然而要做到这一点，他需要与恺撒的继任者结盟。

有两股政治势力在争夺工位，一位是恺撒生前的得力助手马克·安东尼（Mark Antony），另一位是恺撒的外孙和养子屋大维（Octavian）。实际上，恺撒早已立下遗嘱，指定屋大维为其接班人，但这个男孩只有 18 岁，政治上相对还欠些火候。而相比之下，马克·安东尼在恺撒死后获得了广泛支持，被视为恺撒派事实上的继承者和领导人。西塞罗想让罗马重回恺撒统治之前的共和制，这个主张马克·安东尼是不会同意的。所以西塞罗把目光投向了屋大维。西塞罗身边的人强烈警告他这样做有风险——屋大维可能经验不足，不够老练，但他是出了名的聪颖和残忍，为了利益，他会摇身一变，从朋友变为敌人。然而，西塞罗对他们的提醒权当耳旁风。屋大维毕竟还是个孩子，西塞罗应该能斗得过他，按照自己的需要，把他培养成将就着能用的一位君主。现在，傀儡人选确定下来了，西塞罗接下来要做的就是除掉马克·安东尼。

西塞罗发表了一系列演说，这些演说被称为《斥安东尼》（Philippics）。他想利用这些演说来诋毁马克·安东尼的人品。他借鉴恺撒的做法，捏造事实，把安东尼说成是未来的暴君，来推进他自己的计划。

公元前 44 年 9 月 2 日，西塞罗在元老院发表了他的《斥安东尼（一）》。他上来先亲切称呼安东尼为"亲爱的朋友"，然后开始对其人品进行含蓄隐晦的抨击：马克·安东尼不适合继承王位；恺撒制定的所有"好"的法规会被他统统废除，从而断送掉罗马共和国的基业。为了强调他对于安东尼统治罗马是何等忧惧，西塞罗引用了阿克齐乌斯（Accius）的一句诗："只要他们感到恐惧，就让他们去痛恨吧！"他信誓旦旦地说，这将是安东尼的国家治理之道。不出所料，马克·安东尼对此无力应对，9 月 19 日，他再次召集元老院会议，愤怒地回应西塞罗，并诬陷他是谋杀恺撒的幕后主使。西塞罗对此怒不可遏。他原打算通过数篇《斥安东尼》不愠不火地抹黑安东尼，现在干脆火力全开，对其人品肆意诋毁。

颇具杀伤力的毁谤

《斥安东尼》改变了历史对马克·安东尼的看法，但这并非当时对其人品唯一的中伤。屋大维和安东尼之间的同盟并未持续太久；双方关系破裂后，屋大维就开始对这位前盟友进行猛烈的舆论构陷。我们因此有了马克·安东尼沉迷于埃及艳后克里奥帕特拉（Cleopatra）美色，将罗马国家大事抛之脑后的故事。

《斥安东尼（二）》是西塞罗十四篇演说中篇幅最长、火力最猛的一篇，其言辞之激烈，无出其右者："啊，他的厚颜无耻、道德败坏和荒淫无度是多么令人无法忍受！"西塞罗丝毫不讲情面，说安东尼吸毒三日，身上散发着令人作呕的恶臭，还说他是个窃贼，崇尚暴力，还曾是个性工作者。西塞罗并未去证实这些说法，它们大多没有事实根据，但事实证明，这番造谣诬陷对安东尼的人品中伤影响深远，乃至 2000 年后，世人仍将其视为做事不计后果的花花公子。

西塞罗无中生有、挑拨事端的《斥安东尼》系列演说一直持续到公元前 43 年春天。是年 4 月，元老院支持了他和他的虚假说辞，宣布安东尼为国家公敌。屋大维带领元老院与安东尼作战，巧妙地击败了这位恺撒的潜在继承人。胜利以后，西塞罗向罗马人民发表了欢欣鼓舞的讲话——他的计划取得了胜利，共和制将得到恢复。然而，他忘了一件事——有人曾提醒过他，屋大维靠不住。这边厢西塞罗在庆祝胜利，那边厢屋大维和安东尼已经结成了联盟。

屋大维、安东尼与恺撒的长期盟友马库斯·埃米利乌斯·雷必达（Marcus Aemilius Lepidus）联手，组成了第二个"三头同盟"，这是一个由三人组成的军事独裁政权。他们夺取政权以后，便开始草拟一份公敌宣告，即一份被立即执行死刑的名单。当然，马克·安东尼要确保西塞罗的名字在这份名单上。公元前43年12月，西塞罗被斩首，在另一次恐怖的报复行动中，安东尼下令，将西塞罗的头颅放在罗马广场上示众，同时示众的还有他用来写字的那只手——西塞罗的笔到底比不上安东尼的剑锋利。

阿米纽斯和条顿堡林山战役

西塞罗倒台后，罗马共和国也随之谢幕。第二个"三头同盟"政权仅维持了十数年，到公元前 30 年，只剩下了屋大维。屋大维流放了雷必达，并在一次内战中击败了马克·安东尼。如今，大权独揽的屋大维开始一步步剥除共和政体的民主根基，并为他企图成为其核心的帝国集权专制铺垫道路。公元前 27 年，屋大维改名为奥古斯都（Augustus），在严格意义上成为罗马帝国第一任皇帝。共和制已死，罗马帝国万岁。

奥古斯都帝国议程上的第一件事就是扩张领土。这本来并非难事，毕竟，他继承下来的疆土已十分辽阔。高卢战争结束后，高卢大部分地区一直臣服于罗马；然而，就像其外伯祖恺撒一样，奥古斯都始终视日耳曼人为眼中钉。日耳曼人的部落占领了今天的德国、波兰、捷克、斯洛伐克、匈牙利和奥地利的部分地区，似乎是不可战胜的，而且无论如何，他们都不会停止反击。公元前 55 年在恺撒手中遭受重创的腾克特里部落和乌西佩特部落在公元前 17 至前 16 年恢复了元气，并在战斗中击败了罗马第五军团。这一败仗对帝国来说是如此残酷，简直颜面尽失，以至于被称为洛利安灾难（Lollian disaster）。奥古斯都无法容忍这种状况持续下去。他觊觎日耳曼各部落的土地，想通过赤裸裸的武力，将之收入帝国版图。公元前 12 年，他对日耳曼族各部落发动了长期的战争。

阿米纽斯（Arminius）大约出生于公元前 16 年，是奥古斯都阴谋的早期受害者。作为德国西北部切鲁西（Cherusci）部落首领之子，还是个孩子时他便在日耳曼人与罗马的和平谈判中充当棋子，后来被罗马扣为人质。尽管身在罗马的他小时候是一名囚犯，但后来接受了教育，学会了讲拉丁语，加入了罗马军队，甚至被授予骑士身份。与此同时，在阿米纽斯的家乡，奥古斯都发动的一系列战争取得了辉煌胜利。日耳曼各部落无力抵抗罗马大军，到公元 7 年，他们已牢牢处于罗马的统治之下。为了确保局势安定，奥古斯都派来帝国最冷血无情的领导者来掌管这块新收入囊中的疆土。作为将军兼政治家的普布里乌斯·昆提利乌斯·瓦鲁斯（Publius Quinctilius Varus）以残暴和野蛮而臭名昭著。在担任叙利亚总督期间，瓦鲁斯采用暴力加威吓的手段，平息了多场危乱。如今他打算在日耳曼人头上重施故技。然而，如果没有当地人的帮助，他是做不到的。那么，还有谁比阿米纽斯更适合呢？诚然，阿米纽斯就出生在瓦鲁斯正试图镇压的部落，但他被罗马人视为"我们自己人"，因此，他对当地有着深入的了解，加之对罗马一片忠心，这将会是瓦鲁斯成功的关键。

他们看错了人，枉其如此信任阿米纽斯，而后果也是灾难性的。阿米纽斯从未真正与罗马人一条心，他不过是在等待时机罢了。当瓦鲁斯认为阿米纽斯到访当地各个部落是在为罗马争取支持时，阿米纽斯实际上是在为他个人笼络人心，准备揭竿而起。阿米纽斯骗了罗马人差不多有两年时间，到公元 9 年 9 月，他已经联合起多个部落，包括他自己的族人切鲁西人，准备与罗马人开战。然而，瓦鲁斯的部队训练有素，装备精良，实力强大。阿米纽斯要想有获胜的机会，必须认真考虑这场仗该怎么打。

联合作战

> 阿米纽斯成为德国历史上第一位民族英雄。他的故事大部分都湮没在历史长河中，直到 15 世纪，才在故纸堆中被人发现。他很快引起世人关注，被看作德国统一的象征，并在拿破仑战争期间成为某种国家象征。

瓦鲁斯自认为他和他率领的罗马大军无可匹敌，而阿米纽斯正是利用了这一点。瓦鲁斯始终认为，阿米纽斯是永远不会回到他眼中所谓低等的野蛮人身边的。而正是他对自己实力和手下人的盲目自信，导致了他的溃败。阿米纽斯知道，罗马军队将经过条顿堡林山（Teutoburg Forest）狭窄沼泽地带附近。他会设下圈套，引诱瓦鲁斯和他的军队绕道而行，避开早已踩踏平坦的道路。一旦他们进入密林，就会遭到日耳曼部落的伏击。罗马人不熟悉地形，通常采用的战斗阵型也用不上。这是消灭他们的最好时机。然而，该计划正准备付诸实施时，灾难险些降临。一个名叫塞格斯特（Segestes）的切鲁斯坎（Cheruscan）部落贵族出卖了阿米纽斯。他警告瓦鲁斯说，阿米纽斯正准备谋反。瓦鲁斯对阿米纽斯深信不疑，对这番警告未予理睬。当阿米纽斯把一条穿过条顿堡林山的捷径指给他时，他欣然应允，于是便把自己以及部下送上了不归之路。

这是一场血战。日耳曼部落包围了罗马人，将之困在茂林之中。

罗马人没有腾挪的空间来排兵布阵，还被厚厚的泥浆拖住了腿脚。眼见败局已定，瓦鲁斯选择自行了断，他的大多数指挥官很快也纷纷效仿。于是，军队失去了指挥，一时大乱。只有少数幸存者成功逃脱。刚刚发生的这场血腥屠戮传回罗马国内，人们大为震惊。兵败若此，简直无法想象。罗马人自视甚高，严重低估了他们眼中落后野蛮人的实力。

如果奥古斯都认为洛利安灾难糟糕透顶的话，那么，与刚刚败于阿米纽斯手下的战役相比，它简直不值一提。条顿堡林山战役是到那时为止罗马人伤亡最为惨重的战役之一。据估计，10%的帝国军队在这场战役中被消灭。罗马人也被赶出了这块土地。苏埃托尼乌斯（Suetonius）等古典罗马历史学家认为，此一役几乎完全摧毁了人民对新生帝国的信心，奥古斯都精神上遭受重创。据说，他听闻这个消息后，用头撞向宫墙，绝望地呼唤着他失去的军团的名字。

《秘史》

3世纪，罗马帝国陷入严重危机。帝国经济体系是建立在强大的军事实力和对外扩张基础之上的，所以前者的安全稳定，很大程度上依赖于后者持续不断的胜利：从被征服的土地上掠夺的财富，来自战俘和强制奴役的免费劳动力。所以，帝国扩张的步伐一旦受阻，并遭受一系列重大军事损失，不仅作为全球超级大国的地位难保，其经济利益也会大受影响。再加之政府腐败肆行，基督教的兴起削弱了罗马皇帝对人民的控制力，罗马帝国注定要衰亡。至少西罗马帝国如此。330年，君士坦丁大帝（Constantine the Great）将帝国迁至拜占庭（Byzantium），建立了一个新"罗马"，拜占庭也改名为君士坦丁堡。当西罗马帝国在476年灭亡时，东罗马帝国——通常被称为拜占庭帝国，正一片繁荣气象。

在这个新兴帝国，有一个叫作普罗科皮乌斯（Procopius）的古代学者兼历史学家，500年出生于恺撒利亚（Caesarea）。他的工作是为拜占庭第一位"伟大的"统治者——轻松获取大帝之称的查士丁尼（Justinian the Great）——书写官方历史。查士丁尼527年上台，在他统治时期，国家动荡不安，或许最具代表性的是532年爆发的反对查士丁尼的尼卡暴动（Nika Riots）。虽然最终遭到镇压，但半个君士坦丁堡也因此成为废墟，数万名起义者被屠杀。查士丁尼残暴凶狠，野心勃勃。他在位时，大部分时间都忙着扩张帝国，以及夺回帝国失去的疆土。波斯、北非和意大利都是他的目标。查士丁尼身旁有一位得力干将，即他的妻子和皇后狄奥多拉（Theodora）。狄奥多拉出身卑贱，但后来作为查士丁尼的重要谋士，常为皇帝出谋划策，这在当时是人尽皆知的事情。帝国发生的一切，普罗科皮乌斯都看在眼中。他是查士丁尼宫廷里的常客，是尼卡暴动的目击者，查士丁尼最宠信的将军贝利萨留斯（Belisarius）每每率军征战，他亦随同前往。

普罗科皮乌斯将看到的一切都囊括在他的《战争史》和《建筑》这两部书中（他共有三部著作），这后来成为关于查士丁尼大帝治国理政的最著名叙述。因为他的写作要经过查士丁尼的审查，所以，书中极尽恭维和奉承，这不足为奇。普罗科皮乌斯和狄奥多拉生性热情奔放，受人称颂。他效仿恺撒《高卢战记》的做法，在他笔下，查士丁尼的所作所为几乎皆有正当理由，即使它们导致悲剧性的流血事件。普罗科皮乌斯为查士丁尼的历史功过做出了定论，其著作长期以来一直无可争议。但到了17世纪初，人们在梵蒂冈图书馆的年鉴中发现了一份神秘手稿，是用希腊文写就的。古籍研究专家尼科洛·阿拉曼尼（Niccolò Alamanni）将之翻译成拉丁文后，发现这不是一份意外失落的普通档案，这是当时一直未在世间露面的普罗科皮乌斯的第三本书——《秘史》。

倘若说没人预料到书中内容会如此具有爆炸性，那就太轻描淡写了。《秘史》一书彻底颠覆了历史学家们对查士丁尼历史功过的认知。普罗科皮乌斯在书的开头解释说，他在这之前写过的很多东西都是谎言："我身不由己，在之前两本书中讲述的很多事情隐瞒了其真正原因。如今，在关于我的历史的这本书中，我有责任告诉世人真相，以及我在前两本书中提到的事件的真实动机和缘由。"通奸、堕胎、私生子、谋杀、腐败和欺骗等在普罗科皮乌斯的讲述中占了大部分的篇幅。

普罗科皮乌斯对皇后狄奥多拉着墨颇多，称她曾是一名性工作者。事实上，他对狄奥多拉传闻中的风流韵事有大量细节描写，因过于俗艳露骨，《秘史》在 1623 年出版时，这部分内容被删掉了。普罗科皮乌斯将查士丁尼和狄奥多拉这对夫妇比作恶魔："……人类的祸害，二人一起策划，看如何以最快和最容易的方式摧毁人类以及人类的文明成果。"普罗科皮乌斯甚至暗示这对夫妇或许真的就是恶魔。诸神让各种瘟疫和自然灾害降临到罗马帝国，是对他们邪恶统治的反击。对于查士丁尼收复失地的战争行为，不出所料，普罗科皮乌斯的批评更是不留情面，声称从他所目睹的情况来看，皇帝要对数百万人的死亡负责，仅在毛里塔尼亚（Mauretania）地区就有 500 万人遭灭绝。

经过多番考证，几乎可以断定，此书正是出自普罗科皮乌斯之手，但是，里面的内容真实性如何，仍然存有争议。当然，查士丁尼和狄奥多拉并非伪装成人类的恶魔，策划着毁灭世界。然而，在这些荒谬的说法之外，我们仍可发现诸多真相，但前提是我们得先剥离掉普罗科皮乌斯自己的偏见。例如，狄奥多拉确曾是一名性工作者吗？证据表明是这样的。狄奥多拉从小就在剧院工作，那里的许多女演员也从事性工作，像狄奥多拉这样的年轻女孩被强行贩卖的情况很常见。普罗科皮乌斯将此作为他声称狄奥多拉生性恶毒、放荡淫邪的重要证据。然而，从其同时代的人那里可以看到，普罗科皮乌斯故意遗漏了一些关键细节，而这些细节会在一定程度上削弱他对狄奥多拉描述的可信度——主要是狄奥多拉甫·掌权，就站在了改善妇女权利的立场上，包括阻止强行贩卖女孩成为性奴隶。至于他说查士丁尼发动的战争远比他最初描述的血腥，这几乎肯定是真的。然而，普罗科皮乌斯所引用的如此之高的死亡人数，或许只是猜测而已。

《秘史》讲述了普罗科皮乌斯自己眼中的真相，就像我们任何人回忆起自己的历史一样，难免会有所虚构。除了我们亲眼所见的，也会掺杂进不少流言；除了讲述事实，也会附带上些许偏见。或许最明智的办法是把《战争史》《建筑》《秘史》视为三部曲——前两部是普罗科皮乌斯为皇帝歌功颂德，第三部则是他本人对皇帝真实看法的尽情释放！每一部都各有偏见，评人论事只是其中一种说法，有时真真假假、虚虚实实，都是为了达到某种预期效果。这或许让我们无法看清历史，却可以看清历史是如何言说的——是官方的，还是私人的。

第二部分　中世纪

武皇后的罪行

　　唐朝通常被称为古代中国的黄金时代，而武则天的统治就处在其最为关键的转折点上。在中国王朝史上，她是唯一不以皇太后或嫔妃身份而以女皇之名统治国家的女性。她在位期间（690—705），大扩帝国疆域，重开丝绸之路，打开国库救济老弱病残者。705年驾崩前夕，武则天下诏，自己死后，墓碑上空无铭文，将自己的是非功过交由历史去评判。或许这并非聪明之举。历史记忆里的武则天形象，不是强大而治国有方的统治者，而是一个冷酷无情的谋杀犯。后人这样描述她："她杀害了姐姐，屠杀了数位兄长，谋杀了皇帝，毒害了母亲。可谓人神共愤。"

　　扣在武则天头上的，是常出现在史书上的那些令人发指的罪行。武则天入宫后，初为才人，先后侍奉太宗和高宗两位皇帝。654年，她和高宗的一个孩子出生后不幸夭折。坊间传言，武则天亲手杀死了孩子，这样便可以谋杀和妖术之名，嫁祸于王皇后和高宗以前最宠爱的萧淑妃，结果便是王皇后和萧淑妃凄惨而死，武则天则登上皇后之位。675年，武则天的另一个孩子，即长子李弘，突然死亡，而其死亡之前刚刚与母亲有过一番争吵。683年，高宗皇帝驾崩，武则天的名字又与高宗的死联系在了一起。同时，还有其家族的很多人，诸如堂兄弟、侄女、侄子等，因为对武则天构成了威胁，下场要么是神秘死亡，要么以叛国治罪。武则天成为皇太后之后，家族内部的杀戮才逐渐平息。当然，她也称不上一位好母亲。武则天从几个儿子里挑选一位做傀儡皇帝，如果不听话，便将之废黜并流放，再选一个更温顺的来取代他。直到 690 年，他最小的儿子睿宗皇帝将皇位禅让给了武则天。

但这其中的真实成分有多少呢？俗话说，历史由胜利者书写；然而，历史也由那些希望被视为胜利者的人所书写，我们此处所讨论的情况肯定属于后者。唐朝灭亡以后，中国进入了长达 72 年、史上称作五代十国的动荡时期。至少可以说，没有了中央集权，社会陷入动荡和混乱。960 年宋朝建立以后，想重回过去汉唐时期的辉煌，任务何其艰巨。于是就出现了提升民族身份认同和复兴儒学的种种努力，不仅在日常生活中，也在中国历史的讲述中。可问题是，武则天的所作所为与这种大叙事格格不入。正如宋朝当时的理学大家朱熹所言："唐源流出于夷狄，故闺门失礼之事不以为异。"

女强人

> 武则天 14 岁进入唐太宗后宫。身为嫔妃的她，并未得到太宗皇帝的恩宠。不过，太宗皇帝病重期间，她与未来的国君高宗皇帝建立了感情。高宗皇帝的妻子王皇后，为了使高宗皇帝疏远其宠爱的妃子萧淑妃，而有意撮合了二人。

武则天创立了一番不朽伟业，在位时间也不短，所以不可使其屈

尊于历史的角落位置。但她也并非宋朝史学家们希望去颂扬的那类女性。有选择性地书写武则天的历史，重点讲述其反对者们的声音，则要简单得多。我们上文引述过的"人神共愤"，时至今日，仍是人们用在武则天身上最多的一句话。然而，这是对武则天最偏颇的评价，它出自诗人骆宾王之口，其目的是为了起兵讨伐武则天，获取民众的支持。如同西塞罗笔下的《斥安东尼》，这种尖锐刻薄的抨击往往并非最可信的历史。然而，宋人书写武则天的事迹时，这往往是经常采用的叙述方式，这意味着很多所谓的事实是出自猜测。

武则天真的杀死了自己的丈夫和襁褓中的孩子？这不太可能。很多关于武则天的生平记载，说长子李弘自幼便长期染病（可能是肺结核），这才是他死亡的罪魁祸首。同样，高宗皇帝在 660 年得了中风，从此身体每况愈下。至于那个襁褓中的婴儿，也无确凿证据是武则天下了毒手。这种虎毒食子的说法，打宋朝起，史学家们每每讲述一次，其所谓谋杀的残暴程度也就再被渲染一次。

但这并不是说从头到脚都被历史妖魔化的武则天，在这些事件中是完全无辜的。即使不是她亲手杀害了自己刚出生的孩子，她也确实以其夭折来陷害两位毫无干系的女性，并亲自监督处决她们。同样，家族中给她带来潜在威胁的人或性命不保，或锒铛入狱，她也不是局外之人。说直白一点，她在治国理政上行事有方，在权力争斗上却也心狠手辣。就其功绩而言，完全可以说她是唐朝最伟大的皇帝之一，只不过相对来讲，她的功劳未被历史记住那么多。或许这就是史书喜欢偷懒的例子。毕竟，跟随宋朝史家们的笔迹，将武则天视为嗜杀成性的恶魔，比深入挖掘她作为一代君王极其复杂的真实面目，要简单得多。

魔法和蒙茅斯的杰弗里

大约在 1135 年，身为牧师兼作家的蒙茅斯的杰弗里（Geoffrey of Monmouth）出版了《不列颠国王史》（*The History of the Kings of Britain*）一书，彻底颠覆了人们对英国历史的认知。这本书成为中世纪的畅销书，在欧洲和拜占庭帝国有大量的拥趸，并被英国学者一直引述至 16 世纪。此书缘何如此重要？杰弗里发现了关于亚瑟王（King Arthur）和梅林（Merlin）的历史，而这段历史迄今还未在其他任何重要的史书中论述过。除了这段失传的亚瑟王历史，《不列颠国王史》中还讲到了古代巨人在英国海岸游荡的情景，以及李尔王（King Lear）和辛白林（Cymbeline）的生活。当然，杰弗里所谓的惊人发现，其实都不是真的，但除了杰弗里本人，其他人都被蒙在鼓里。

人们对杰弗里的著述信以为实，其实也不难理解，因为杰弗里为这段历史的发现始末杜撰了一个极为令人信服的故事。根据他的说法，他在学术研究过程中，慢慢意识到"道成肉身"①（the incarnation of

---

① "道成肉身"源自基督教教义，认为耶稣是上帝的"道"降到人间，借由马利亚的母体获得人的肉身。在这里表示耶稣的诞生时刻。

Christ）之前和之后的有记录的英国历史，都存在着巨大的空白。他在及时寻找这些被遗忘的历史片段时，担任牛津副主教的朋友向他提到一本"古书"，并说他要找寻的所有缺失的历史都在其中——从不列颠王国第一任国王布鲁图斯（Brutus），到卡德瓦洛（Cadwallo）的儿子卡德瓦拉德（Cadwallader），以及梅林对英国未来的一系列预言。《不列颠国王史》是杰弗里直接翻译过来的拉丁语版本（拉丁语在当时为学术语言）。他在介绍这份手写稿时，提到了很多英格兰的重要人物，称他们为自己写作计划的资助者。所有这些信息叠加起来，令人不由产生一种错觉，认为他写的东西是真实的。此书看上去不像是凭空捏造：它出自学者之手，用拉丁文写就，且支持者众。以上种种，当然没有人怀疑。

　　很快，学者们开始将《不列颠国王史》中的内容引用到自己的著述中。但也有一些反对者，毕竟，除了杰弗里，无人曾亲眼见过其撰写此书所依据的那部神话巨著，这本身就相当可疑。其中一位怀疑者是历史学家纽堡的威廉（William of Newburgh）。威廉有一部著作《英国事务史》（*History of English Affairs*），在当时算得上是《不列颠国王史》的对手。他在该书序言中对杰弗里一顿痛斥："此人真是厚颜无耻，假话连篇。"然后大概讲了讲杰弗里所引述的史料来源，真正存在的何其之少。威廉所言不虚，他自己的著述中包含更多真实准确的信息。然而，他也深痴于奇思幻想，笔下不乏鬼怪和不死魂灵，于是，他用来批评杰弗里想象和虚构亚瑟王世界的种种观点，自然也难令人信服。当时还有另外一位重要的批评者，即世俗书记员和历史学家威尔士的杰拉尔德（Gerald of Wales）。杰拉尔德曾写过这样一个故事：当一个人遇到谎言时，小恶魔会爬满全身，当把杰弗里的书放在膝盖上时，情况最为严重。这或许是最具中世纪色彩的奚落方式。

随着时间的推移，人们开始更多地关注书里收录的梅林预言。杰弗里写了数百个这样的预言，将之归到梅林的头上，有的条理清晰，有的则含糊其词，不知所言。例如："刺猬会把它的苹果藏在温彻斯特，并将在地下建造隐秘通道。"在中世纪和近代早期，人们对此深信不疑。模棱两可的语言意味着这些预言可放之四海而皆准。例如，预言声称亨利二世（1154—1189）和爱德华三世（1327—1377），会化身成野猪去拯救英国人民。甚至到1603年，这种牵强附会、生拉硬扯依然可见，例如，詹姆斯一世继承伊丽莎白一世的王位时，表示这也是梅林曾预言过的。

并不是说《不列颠国王史》一无是处，从头到尾都是谎言。历史学家和考古学家迈尔斯·罗素（Miles Russell）对此书重新评估后认为，除了魔法师和巨人的故事，蒙茅斯还利用了大量来自英格兰东南部的可靠史料，这些史料最早可追溯至公元前1世纪。罗素认为，这为理解古代英国人的生活模式和思维方式提供了一种新途径，有助于人们重新认识历史事件。例如，英国部落帮助罗马人在公元60年镇压布狄卡（Boudica）起义，或罗马人曾对巨石阵（Stonehenge）动过手脚，并加进了一些自己的东西。

梅林的魔法

关于亚瑟王的个性和家族历史，以及他与梅林的亲密关系等，杰弗里的论述已成定论，由此，《不列颠国王史》给后来为亚瑟王著书立传的作家们提供了蓝本，如玛丽·德·弗朗西丝（Marie de France）和托马斯·马洛礼爵士（Thomas Malory）。

不过，《不列颠国王史》最终还是被世人逐渐厌弃。因为学者们慢慢意识到，要从头至尾将此书阅读一遍，逻辑跳跃太大了——纽堡的威廉和威尔士的杰拉尔德的观点现在被世人认真对待，尽管晚了几个世纪。1718 年，一个叫亚伦·汤普森（Aaron Thompson）的人出版了《不列颠国王史》首个英译本，他很担心重印杰弗里的作品会打开谬误信息的潘多拉魔盒，所以他在序言中写了一大段话，不厌其烦地提醒读者《不列颠国王史》是"粗陋的，很多地方语焉不详"。

或许我们永远都无从得知，杰弗里为何在其不列颠史著述中如此大肆捏造事实。然而这或许是历史上最令人印象深刻的谎言之一，时至今日仍然影响着我们的生活。亚瑟王是否真的存在，世人仍争论不休，尽管几乎没有确凿证据证明他的真实性。然而有趣的是，历史上曾有记载，9 世纪的一个军阀和 10 世纪的一位威尔士领袖均与亚瑟王同名，这或许就是杰弗里虚构这一人物的灵感来源。除了历史观点略显赘余，《不列颠国王史》对后世文化上的影响，几乎与其原始材料一样令人难以置信：莎士比亚两部戏剧以及无数的书籍、电影和电视节目，都以亚瑟王传奇为创作母本。今天，蒙茅斯的杰弗里或许仍被许多人视为伪历史学家，但就其编造的谎言而言，他或许称得起史上最伟大的虚构类作家之一。

科穆宁王朝的灭亡

1118 年，拜占庭皇帝亚历克修斯一世（Alexios I）去世，人们盛赞其丰功伟绩，挽救帝国于危亡之秋。就在一个世纪前，巴西尔二世（Basil II）统治时期，拜占庭帝国被视为波罗的海和中东地区的主导力量，但巴西尔二世于 1025 年去世时，却引发了一场王位继承权争夺战。内斗、政变和叛乱轮番上演，权力转移频繁，不出几年，王位便易主他人。1081 年亚历克修斯一世登上王位时，帝国边境线多有破防。土耳其游牧民在安纳托利亚（Anatolia）地区定居下来，诺曼底人在拜占庭帝国占领的意大利土地上大肆掠夺。接下来的数十年里，亚历克修斯奇迹般地扭转了局面，使拜占庭起死回生。当他去世时，帝国的疆域或许不如以前大，但其经济安全和军事实力却大为增强。他还巩固了自己所在的科穆宁（Komnenos）家族皇位世袭地位。帝国再也不会因为争夺继承权而旁生枝节——现在它已重回强国之列，皇权会一直牢牢掌控在科穆宁家族的手中。至少，他们打的算盘是这样。

一个刺眼的绰号

12 世纪拜占庭历史学家尼凯塔斯·琼拉塔（Nicetas Chonlata）给科穆宁王朝的安德罗尼卡一世（Andronikos I Komnenos）起了一个绰号"仇恨阳光的人"，因为他经常弄瞎敌人的眼睛作为惩罚。

起初，新诞生的科穆宁王朝顺风顺水，亚历克修斯治下的国力开始发展，一直持续到约翰二世（John Ⅱ）和曼努埃尔一世（Manuel Ⅰ）。曼努埃尔在位时好高骛远。他刚继位时，拜占庭帝国是地中海地区最强大的国家，但并无绝对优势。如果曼努埃尔想巩固科穆宁王朝的统治根基，他需要盟友的支持。为此，他把目光投向神圣罗马帝国版图下的各方强大势力，与德意志的康拉德三世（Conrad Ⅲ）和匈牙利的贝拉三世（Bela Ⅲ）结盟。然而，当康拉德 1152 年去世后，盟友之间的忠诚不复存在。曼努埃尔本来一直在与康拉德策划一场战役，企图瓜分意大利，并将西西里交还拜占庭帝国。然而，腓特烈·巴巴罗萨（Frederick Barbarossa）继任德意志国王之位，不久即停止支持拜占庭。1155 年，腓特烈加冕为神圣罗马帝国皇帝，形势对拜占庭帝国愈发不利。腓特烈觊觎意大利的土地，曼努埃尔想拿下意大利和西西里，而西西里国王威廉二世（William Ⅱ）心心念念的却是列强从自己的土地上撤离。

这场灾难日益逼近，而曼努埃尔却要分身处理堂兄安德罗尼卡·科穆宁（Andronikos Komnenos）挑起的家族危机。两兄弟从小一起长大，但在 1153 年，曼努埃尔得知安德罗尼卡参与了一场企图推翻他的阴谋。

安德罗尼卡锒铛下狱，但在 1165 年逃脱，后来逃往十字军国家安条克公国（Crusader state of Antioch）。拜占庭和安条克公国进行了数年的战争，但曼努埃尔与安条克公国的玛丽亚结婚，促成了两国缔结同盟。然而，安德罗尼卡与安条克公国亲王的小女儿菲利帕偷享鱼水之欢，将后者发展为自己的情妇，本就不太稳固的和平局面开始动摇。因畏惧堂兄曼努埃尔的恼羞成怒，安德罗尼卡逃到了耶路撒冷。1167 年，他再惹风流韵事，这一次是与不久前刚刚丧偶的前耶路撒冷王后西狄奥多拉·科穆宁（Theodora Komnenos），凑巧的是，西狄奥多拉是曼努埃尔的侄女。这对情侣私奔外逃，最终在拜占庭边境地区定居下来，在那里他们建立了自己的盗贼王国，并推动安德罗尼卡夺取王位。曼努埃尔对此岂肯善罢甘休，他逮捕了西狄奥多拉和他们的孩子，并在 1180 年要挟安德罗尼卡宣誓对其效忠，以换取妻儿的释放。安德罗尼卡随后被放逐，远离政事——他肯定不会再兴风作浪了。

王位的家族继承问题无虞了，但帝国却并不安全。除了拜占庭、神圣罗马帝国皇帝和西西里国王威廉二世之间的紧张关系外，1175 年，曼努埃尔撕毁了他与土耳其塞尔柱王朝（Seljuk Turks）之间的同盟协约，导致双方交战。拜占庭虽然并未彻底大败，但这依然显示出土耳其在小亚细亚的统治是何其稳固。曼努埃尔 1180 年去世时，很明显，尽管此时的拜占庭仍然强悍，但它需要一位沉稳可靠的皇帝来带领其渡过当前的危机。可遗憾的是，新继位的皇帝是个 11 岁的男孩，亚历克修斯二世（Alexios Ⅱ）。他是曼努埃尔和安条克公国的玛丽亚之子。由于年幼，亚历克修斯二世显然无力领导这个帝国。他终日尽情于各种运动和狩猎，所以母亲玛丽亚及其新欢亚历克修斯·科穆宁（Alexios Komnenos）便成为帝国实际上的统治者。可科穆宁并不是好的人选，他终日想的是如何中饱私囊，而不是治理国家。夫妇二人开始对来自比萨（Pisa）和热那亚（Genoa）的移民表现出更大的热情，这些人成为所谓的拉丁少数民族的一部分。随着腐败日益严重，刺杀亚历克修斯·科穆宁的传闻甚嚣尘上，安德罗尼卡·科穆宁此时再度现身。1182年，安德罗尼卡组建起一支军队，向君士坦丁堡进发。当他到达那里时，这座城市很快倒戈；亚历克修斯·科穆宁被弄瞎了眼睛，并被强迫关进了修道院，而安条克公国的玛丽亚被关进了女修道院。为了使助其一臂之力的该城暴民更忠诚于他，安德罗尼卡允许他们在君士坦丁堡的拉丁区大肆杀戮。数以千计的人被杀害，妇女、儿童和病人也未能幸免，东正教的神职人员甚至将受害者亲手交给暴徒。结果，拜占庭和西欧之间的许多联盟和往来都崩溃了，各国都实在理解不了安德罗尼卡为何要制造如此血腥的大屠杀。

身处其间的亚历克修斯二世，严格意义上说，仍是一国之君。安德罗尼卡并未废黜他，而是让这个男孩于1182年5月重新加冕，自己还宣誓效忠他，保护他的人身安全。把年轻的皇帝挟在手中后，安德罗尼卡开始动手，将那些可能威胁到他新得权力的人一一除掉。他凭借一桩很可能是捏造出来的阴谋，先将安条克公国的玛丽亚拉下马，并强迫亚历克修斯亲手签署母亲的死刑状。在此之后，安德罗尼卡开始对贵族阶层实施恐怖统治，经常以莫须有的罪行使他们失去双眼、被流放或被杀害。1183年9月，安德罗尼卡宣布再举行加冕仪式——这一次他将成为共治皇帝。再次宣誓终生效忠亚历克修斯二世后，安德罗尼卡开始策划如何谋杀这个男孩。同月，新加冕的共治皇帝宣布自己是帝国名副其实的统治者，并命令其密友勒死了年轻的亚历克修斯。安德罗尼卡一世独自统治帝国的时期正式开始。

安德罗尼卡采用铁腕治国，体现在他手下拥有大批间谍，敌人会在夜间离奇失踪，以及实施有历史记录以来最残酷的公开处决。安德罗尼卡在国内致力于专制统治，却无力应对边患问题。1185 年，西西里的威廉二世大举入侵拜占庭帝国，而此时的安德罗尼卡却正忙于密谋如何消灭贵族阶级。同年 8 月，威廉的军队洗劫了塞萨洛尼基城（Thessalonica），并屠杀数千人，安德罗尼卡对此却轻描淡写——还好，此城以前也曾沦陷过，没什么大不了！不出所料，这种态度令人无法忍受，人民纷纷起来反抗，安德罗尼卡下令处决任何疑似叛乱者。伊萨克·安吉卢斯（Isaac Angelus）便是其中之一，他出身贵族，之前曾参与反对王室的起义，而其本人确是出了名的领导无方。1185 年 9 月初，官员们被派到伊萨克位于君士坦丁堡的家中去抓捕他，然而伊萨克却在战斗中逃脱，藏身于附近的一座神殿中。第二天早上，安德罗尼卡最新的抓捕行动不胫而走，传遍城市大街小巷。人们已经完全受够了他的暴政，很快有人组织起来，要求伊萨克称帝。伊萨克对此犹豫不决——他本人无意帝位，但这些人态度坚决，于是便上演了一幕半推半就的皇帝加冕仪式。

当伊萨克加冕为安杰洛斯（Angelos）王朝的伊萨克二世时，科穆宁家族的最后一个幸存者逃跑了，希望在俄国寻求避风港。然而，安德罗尼卡很快就被抓获，并被判处极残酷的死刑。先是被幸存的贵族殴打，然后在君士坦丁堡游街示众，最后吊死在了赛马场，人们在他的身上宣泄着愤怒。曾被誉为帝国救世主的科穆宁王朝已经落下了帷幕。从各个方面来看，是安德罗尼卡本人亲手断送了科穆宁王朝，也毁掉了稳固王朝统治、减缓拜占庭帝国走向灭亡的大好机会。在伊萨克短暂统治时期（即安杰洛斯王朝），拜占庭帝国将承受最沉重的打击，包括 1204 年帝国版图的分裂。同年，从严格意义上说，科穆宁家族再一次统治帝国，安德罗尼卡的孙子亚历克修斯和大卫建立了拜占庭帝国的继承国——特雷比宗帝国（the Empire of Trebizond）。然而，辉煌已成为过去，无论是他俩，还是科穆宁家族任何一个人，都无法再次统治君士坦丁堡。至于拜占庭帝国，也无法重回昔日的强大与繁荣，这在很大程度上是安德罗尼卡统治时期的谎言盛行和腐败丛生造成的。

被出卖的圣殿骑士团

圣殿骑士团（the Knights Templar）作为一个严密的天主教军事组织为世人所熟知。但实际上，它最初是为了保护路边的朝圣者而成立的。在 1096 年至 1099 年间的第一次十字军东征时，来自西欧的基督教势力向耶路撒冷和"圣地"开战，试图将其从伊斯兰统治下夺回。耶路撒冷被基督教占领后，大量的朝圣者拥向耶路撒冷及其周围的圣地。然而，这个区域危险异常。第一次东征时，十字军大肆杀戮，一时尸横遍野，导致基督教朝圣者成为对手攻击的目标。不久，在通往耶路撒冷的路边便堆积起一具具朝圣者的尸体。

大约在 1118 年，法国骑士于格·德·帕扬（Hugues de Payens）想出一个解决方案。他集结起一众朋友和家人，组建了一个规模很小的骑士团，保护教徒在前往朝圣旅途中的人身安全。这个骑士团几乎完全依靠捐款来维持。但幸运的是，他们的初衷很快使其成为最受欢迎的宗教慈善组织，短短数年内，这个当初毫不起眼的骑士团不但获得了大量钱财，而且民众踊跃加入其中。1139 年，圣殿骑士团得到了教皇的支持——给他们免税，允许他们自由跨境活动，并且宣布他们只听命于教皇一人。一时之间，圣殿骑士团的发展壮大呈不可阻挡之势。

纵观整个 13 世纪，圣殿骑士团是基督教东征的一个生动象征。上帝站在他们这边，这支军队所向披靡，战无不胜。然而，不仅是他们的名气越来越大，事实证明，战争对圣殿骑士团而言，也是一笔大生意。虽然从实际情况来看，骑士团的成员们过着修道院式的贫穷生活，但该组织本身的财富却增长速度惊人。早期的捐款像滚雪球一样，如今越滚越大。圣殿骑士团俨然已自成帝国：他们拥有土地、庄园和财富，甚至还组织起一个经济系统，在不同国家之间实现大规模的现金流动。从各个方面来看，他们已成为一家中世纪银行，法国和其他一些国家曾向其借款，以便在十字军东征期间壮大自己的军队。如今，圣殿骑士团变成了欧洲金融巨头，显然已偏离了自己的初衷。但这都无所谓，只要他们在东征中接连不断地取得成功，让捐款人和债务人都感到满意，便可高枕无忧。然而，他们在战场上的好运气也快到头了。

或许圣殿骑士团所遭受的最致命的一击，便是 1291 年阿卡的沦陷（the Fall of Acre），当时马穆鲁克苏丹国（Mamluk Sultanate）对十字军在耶路撒冷王国的最后一个主要据点成功进行了围攻。面对如此庞大的入侵军队，圣殿骑士团无力抵抗，死亡者众，其中包括圣殿骑士团大团长博热的威廉（William of Beaujeu）。阿卡的沦陷在很大程度上意味着圣殿骑士团鼎盛时期的终结。圣殿骑士团随后又吃了很多败仗，被赶出了圣地。他们身上披着的那层"上帝的军队"的神秘色彩也被揭开——他们并非不可战胜。或许更糟糕的是，他们还具有很多人性的弱点。有关圣殿骑士团劣迹斑斑的说法，几十年来坊间一直传得沸沸扬扬。编年史家提尔的威廉（William of Tyre）和马修·帕里斯（Matthew Paris）批评圣殿骑士团吏治腐败、贪得无厌；帕里斯甚至暗示，圣殿骑士团为了攫取更多的财富而故意拖延军事行动，拉长东征战线。

某些人眼中的不吉利数字

　　圣殿骑士团的故事是很多历史神话的基础，比如，如果13号这天恰逢星期五，就会被视为不吉利的一天，有人认为这种迷信观点源自圣殿骑士团成员在1307年10月13日这一天被捕。这其实不对，因为这种观念还可以远远追溯到更早的时间，例如，《圣经》中提到最后的晚餐，犹大是第13位客人；北欧神话中的一场宴会，洛基（Loki）也是第13位宾客，结果洛基毁掉了宴会，并让世界陷入黑暗。

　　局势岌岌可危。圣殿骑士团开始策划如何再发动一场十字军东征，以重新赢得支持。1306年，圣殿骑士团大团长雅克·德·莫莱（Jacques de Molay）被召到法国，与教皇克雷芒五世（Clement V）会面，双方共同讨论十字军东征计划。然而，这次会面的时机并不理想。法国国王菲利普四世（Philip IV）早已对圣殿骑士团感到失望：一方面，他欠着对方大笔的债务；另一方面，菲利普希望圣殿骑士团与其他骑士团合并，组建超级十字军，并听命于他，莫莱对此表示反对。火上浇油的是，莫莱在1306年底前后抵达法国后，一名被开除的圣殿骑士指控该组织为宗教异端。这是一项很严重的指控。更糟糕的是，由于克雷芒五世身体抱恙，关于十字军东征计划的会谈被搁置起来。1307年6月下旬，这种异端之说愈演愈烈，迫于无奈，莫莱与菲利普四世会面，为圣殿骑士团的清白辩护。然而，菲利普对此却并不接受。不管他是否相信这些指控，这都是压垮骆驼的最后一根稻草。圣殿骑士团是他的眼中钉，老早就看他们不顺眼了；他们违背了初心，不配合自己，还赚他的钱。必须铲除他们。

1307 年 10 月 13 日，菲利普四世下令逮捕法国境内所有圣殿骑士团成员。异端指控是其核心罪名，但要扳倒整个骑士团，这分量还不够。因此菲利普仓促之间又编出很多"莫须有"的指控。例如，众所周知，骑士团成员会口对口行"和平之吻"。只此一个简单动作却被污蔑为鸡奸仪式。菲利普为拿到自己想要的供词，对骑士团成员进行审问，并刑讯逼供，导致有人屈打成招——就连莫莱也承认曾破坏圣像，否认基督。据估计，总共有 36 名圣殿骑士因拒不认罪而丧命于酷刑之下。在其余 138 份证词中，仅有 4 份承认了指控。

尽管正式来讲，教皇是凌驾于圣殿骑士团之上的唯一权威，但克雷芒五世似乎也拿菲利普四世没有办法，甚至有时还被他玩弄于股掌之间。1407 年 11 月，克雷芒发布教皇诏书，命令所有的基督教王国逮捕圣殿骑士，并各自进行调查。值得玩味的是，在审讯中未使用酷刑的国家，如塞浦路斯和英国，招供情况极为罕见。然而，菲利普仍不肯善罢甘休，他在 1308 年发布《指控条款》，其中不仅列出圣殿骑士所承认的指控，还涉及其他一系列指控，从侵犯教会和主教的宗教权利，到向教皇当局隐瞒他们的行为等。克雷芒的行动似乎晚了两步，他给菲利普去信，指责后者诋毁圣殿骑士团声誉——他当然是在诋毁！菲利普就是要这么干，他命人在城镇和村庄的广场上宣读《指控条款》，以进一步煽动人们反对圣殿骑士团的情绪。

此时，在法国被捕的很多圣殿骑士开始翻供，克雷芒五世正努力争取对他们进行审判。作为回应，1310 年 5 月，菲利普下令处死 54 名圣殿骑士，将他们活活烧死在火刑柱上。而那些剩下的骑士，如果当初的供词不变，便可保全一条性命——许多人都选择了这条路。圣殿骑士团现已无法挽救了，他们的名声毁了，继续留下他们作为天主教会的附属组织也站不住脚了。1312 年，克雷芒五世正式解散了它。两年后，1314 年 3 月，雅克·德·莫莱推翻自己的供词后，也被施以火刑。于是就留下了一个流传久远的说法：莫莱临死之前，诅咒了那些杀害自己与骑士们的人——没过一年，克雷芒五世和菲利普四世便相继离世。

　　然而，到这里故事还没讲完。大概 700 年后的 2001 年，人们在梵蒂冈档案馆发现了一份遗失的文件。就如同普罗科皮乌斯的《秘史》被发现一样，这份文件将成为游戏规则的颠覆者。古籍学家芭芭拉·弗雷勒（Barbara Frale）发现了这份羊皮纸，这是一份长期以来被认为确实存在但一直湮没于浩瀚历史而下落不明的文件，原来是一位被遗忘已久的档案员不小心将其进行了错误的编目所导致的。这张羊皮纸显示，1308 年，经过罗马教廷的调查，克雷芒其实已经否定了对圣殿骑士团的所有异端指控，宣判他们无罪，但需要进行改革。菲利普四世无视这一宣判，一意孤行，为个人私利，编织了一张谎言之网，并堂而皇之地滥杀无辜。

让娜和她的黑色舰队

菲利普四世去世后，法国境况艰难。菲利普之子查理四世（Charles IV）继承了王位；而当他1328年去世时，却没有留下子嗣，王位遂难免受人觊觎。最有可能的继承者有两人，查理四世的堂兄菲利普和侄子爱德华，后者恰好不久前刚加冕为英格兰国王，即爱德华三世（King Edward Ⅲ of England）。按理说，由于血缘关系更近，爱德华更应继承王位。但菲利普更走时运，查理四世死亡之际，爱德华即位刚刚一年，16岁的国王爱德华三世就与母亲的情夫罗杰·莫蒂默（Roger Mortimer）发生了争执，后者以爱德华年幼为由，将大权揽在自己手中。爱德华出局后，菲利普便被加冕为法国国王。

> **旷日持久的战争**
>
> 英法百年战争从1337年一直持续到1453年，也就是说，名为百年，但其实打了116年，堪称欧洲历史上最漫长的一场战争。除了让娜，战争期间还涌现出很多有名的人物和事件，如阿金库尔战役（the Battle of Agincourt）和圣女贞德（Joan of Arc）的崛起、灭亡。

　　但是王位之争还远未结束；几个世纪以来，英格兰和法国一直为争夺地盘打得不可开交。这始于 1066 年，在征服者威廉①（William the Conqueror）的带领下，诺曼底公爵（Dukes of Normandy）们占领了英格兰。随着这个新生的英法王朝不断发展壮大，它占据了法国更多的领土。到亨利二世统治时期（1154—1189），英国已将法国近乎半数的土地收入囊中。但对爱德华而言，颇为不幸的是，他初登王位时，法国已经夺回所有的土地，除了西南部的加斯科涅（Gascony）地区。时间快进到 1337 年，菲利普确定他还想要加斯科涅。但爱德华已非当年那个仰人鼻息的少年国王了——1330 年，他伏击并处死了莫蒂默，如今已是以手段凶狠著称的军事统治者了。所以，当菲利普想收回加斯科涅时，爱德华岂肯答应——他受够了，再也不会受人摆布了。他 10 年前或许错过了法国王位，但严格意义上讲，他的继承权仍然有效，所以爱德华不只想保住加斯科涅，更想拿下整个法国。这就是今天世人所知的百年战争的开端。

　　双方早期有一场战争，是为了争夺对布列塔尼公国（Duchy of Brittany）的控制权。法国支持布卢瓦的查理（Charles of Blois），而英格兰人则支持蒙特福特的约翰（John of Montfort）。为查理作战的是法国贵族奥利维尔·德·克里森（Olivier de Clisson），他在布列塔尼拥有大片土地。1342 年，克里森被英国人俘虏，交纳赎金才可放人。或许是因为查理想把克里森的土地据为己有，于是便要了个花招——他付清了克里森的赎金，却又指责他是个叛徒，理由是英国人把赎金要

---

　　①　威廉原本是法国的诺曼底公爵，他通过战争成为英国国王，开启了诺曼王朝，从此将法语和法国文化引入英国，对英国的语言和习俗都产生了深远的影响。

求开得很低，不免令人怀疑。

法国的贵族阶层对克里森面临的指控大感震惊，毕竟他是对查理最忠诚的人之一，而且没有实质性证据证明他的叛变。尽管如此，1343 年 8 月，奥利维尔·德·克里森还是因叛国罪被斩首，他的大部分土地和财富都归于布卢瓦的查理和菲利普六世（Philip VI）所有。克里森是被陷害的，但以权力和财富的名义捏造罪名并不是什么新鲜事儿，查理和菲利普对此事的后果都未多想。可悲的是，他们都没料到，奥利维尔·德·克里森的遗孀竟阴差阳错地被法国人亲手打造成了超级恶魔。

丈夫去世之前，让娜·德·克里森（Jeanne de Clisson）过着非常典型的法国贵妇人的生活。她生于 1300 年，12 岁时初为人妇，经历了两次无爱的婚姻，后来在 1330 年与克里森结婚。他们的婚姻在当时颇为罕见，因为二人是真正地相爱。他们和孩子一起在布列塔尼的边境快乐地生活。然而，克里森被处死后，让娜并没有像人们预想的那样，拿着仅剩的一点钱搬走，找个地方安安静静地生活，而是立誓要向布卢瓦的查理和菲利普六世复仇。让娜卖掉了所有能卖的东西，用这笔钱组建起一支小规模的军队。她的第一个目标便是查理的好友加卢瓦·德·拉·赫斯（Galois de la Heuse）管辖的一座城堡。据说，某一天深夜，让娜带着一帮孩子出现在城堡门口，苦苦哀求门卫放行。当然，城门为这个神色凄怆的可怜女人打开了，说时迟，那时快，躲藏在让娜身后的军队趁机蜂拥而入。城堡里的人惨遭屠杀，财产被抢夺一空，但留下了一个活口去通风报信——这将成为让娜日后标志性的做事风格。

让娜在布列塔尼暴戾恣睢，这期间她与查理的敌人蒙特福特的约翰结盟。有了英国人背后撑腰，让娜的威胁更大了，于是法国派军队去杀她。由于法国的天气太热了，让娜急忙穿越英吉利海峡来到英国。爱德华三世对让娜及其凶残的复仇行动颇有耳闻，他想尽一切努力帮助她，毕竟，凡是菲利普六世的敌人，对他来说都是朋友。并且，倘若让娜回到法国，她很可能会遭遇跟丈夫一样的下场。此时 B 计划破壳而出——让娜将把她的复仇战场转移到公海上。她购买了 3 艘战舰，涂成黑色，船帆染成血红色，将之命名为黑色舰队。黑色舰队多数时间停留在英吉利海峡内，坐等法国商船的到来，而一旦商船进入视野，黑色舰队便迅速出击，杀掉船员，但总要留几个活口回到法国送信。让娜这种以商船和补给船为打击对象的做法，属于早期的一种商业突袭。商业突袭是一种通过阻断贸易、物流和援助使敌人屈服的海军战术。让娜和她的黑色舰队一干就是 13 年。

菲利普六世于 1350 年去世，失去庇护的让娜依然没有罢手，只不过在 1348 至 1351 年欧洲黑死病大流行期间，其行为有所收敛而已（鼠疫肆虐期间，英法百年战争的硝烟也有所缓和）。具有讽刺意味的是，最后终结让娜恐怖统治的似乎是爱情。1356 年，让娜再婚，这次嫁给了一位名叫沃尔特·本特利（Walter Bentley）的英国骑士。让娜婚后回归家庭，承担起为人妻的责任。她解散舰队，在人们诧异的目光中重返布列塔尼。他们在沿海小镇埃讷邦（Hennebont）定居下来，一直住到 1359 年，夫妇二人相继去世，先后相隔几个星期。这个曾经被称为"布列塔尼母狮"的女人，最终安静地走完了人生。

《约翰·曼德维尔爵士游记》

倾若今天你拿起一本中世纪旅行指南《约翰·曼德维尔爵士游记》（*The Travels of Sir John Mandeville*）来读，或许会觉得茫然和困惑，这种感受是可以理解的。这本大概在 14 世纪中叶出版的自传式环球旅行指南，据说是一位英国骑士所写。这本书介绍了亚洲和非洲等遥远国家的风土人情，也有对世界上一些未知地区的描述：在这些具有奇幻色彩的地区，狮鹫在空中飞翔，独眼巨人来回游荡，他们以蹄为脚，以头为躯。显然，这一切都不是真的。书中内容根本就是骗人的，就连其所谓的作者约翰·曼德维尔爵士（Sir John Mandeville）其实也并不存在。但此书出版后，无人质疑其真实性，如同蒙茅斯的杰弗里的作品，一时洛阳纸贵，成为国际畅销书。事实上，有传言说克里斯托弗·哥伦布在启航前往新大陆之前也曾参阅过曼德维尔的游记。然而，曼德维尔的书如此令人痴迷，并非因为其中有关于哥伦布在旅途中苦苦难觅的狮鹫的描述（有人这么认为），而是它塑造了一种文化差异观念。

《约翰·曼德维尔爵士游记》包含前后迥异的两部分。前半部是作者在前往耶路撒冷和圣地的途中对欧洲走马观花式的游览。这个部分我们未发现太多编造神话故事的痕迹，或许是由于其大部分内容是曼德维尔直接取自其他中世纪朝圣指南。所以，虽然曼德维尔本人可能从未踏足过这些国家，但他所用材料的原作者却曾实地到访，这意味着其大部分内容是真实的（然而曼德维尔毕竟是曼德维尔，书中还是有一些奇怪的内容，如作为中世纪旅游目的地的挪亚方舟）。意料之中的是，这个关于朝圣的部分是写给西方基督教的一封情书，里面到处是关于圣经的引用和隐喻。通过这种宗教视角，曼德维尔提出了"他者"概念。有这样一个群体：跟他一样，属于白人，来自西方，然而不知何故，其是非观念与自己相去甚远。这在曼德维尔的"希腊之行"中体现得最为明显。他在这里遇到的人信仰希腊东正教，并指出"希腊人是基督徒，但他们信仰的基督与我们不同"。曼德维尔对这种差异颇感兴趣，接着便用很长的篇幅剖析了双方所信仰的基督教有何不同，尽管他明确表示，他认为他们是错的："上帝出于仁慈而做了修改！"

这些宗教差异构成了该书前半部分最突出的文化特征。旅途中遇到的每一个人，曼德维尔都将之与自己完美的西方白人基督教做一番衡量。然而，尽管觉得他们的生活很"奇怪"，但他认为宗教是弥合他们之间文化差异的一座桥梁。可悲的是，他的意思并非要采取完全包容的态度。在曼德维尔看来，不同的基督教流派，比如希腊东正教，可能是错误的，但他们的宗教中也有耶稣基督。他遇到的穆斯林也是如此，因为在伊斯兰教中，耶稣被视为先知。曼德维尔认为这是可以"拯救"他们，使之皈依自己的基督教、将其"异质性"文化改造为西方基督教文化的信号。曼德维尔敦促读者们对自己不熟悉的文化要持包容态度，因为总有一天（借助于小规模的圣战运动），他们是有可能转到"正确"道路上来的。

为谎言作插图

> 今天，《约翰·曼德维尔爵士游记》以其令人震撼的木刻插图而闻名，这些插图描绘了曼德维尔声称遇到的一些稀奇古怪的人和生物。原稿中并没有这些插图，是 15 世纪时增加的，其中在法国和德国的版本中最为突出，英国再版时也复制了这些插图。

然而，这种有限度的宽容并非人人都可享受到。曼德维尔写道，他和那些信奉犹太教的人之间永远找不到共同点。对犹太人的妖魔化从首段开始，贯穿整本书。这种反犹太言论其实并不新鲜——基督教在崛起过程中与犹太教冲突不断，最终的情形是前者愈来愈受欢迎，后者却沦落至遭受迫害的地步。1215 年，教皇颁布法令，要求犹太人必须佩戴可识别身份的徽章。1290 年，爱德华一世下令将犹太人驱逐出英国；欧洲黑死病大流行期间，犹太人被指责为疫病暴发的罪魁祸首，整个欧洲大陆便开始大肆屠杀犹太人。曼德维尔的行为不仅是迎合那套业已存在的观念，而且变本加厉，声称他在旅行中意识到犹太教是终极威胁："他们会在反基督运动爆发的时候走出家门，对基督徒展开大屠杀。"

对犹太教的最后谴责出现在本书后半部分，这部分重点描写的是耶路撒冷和朝圣者步履之外的世界，全书最荒唐可笑的谎言即出现在这里。在作者虚构出来的土地上，生活着巨人和眼睛长在肩膀上的人。

曼德维尔的许多读者从未踏出过国门半步，这也是曼德维尔肆无忌惮地编造谎言且能全身而退的部分原因。他是这样描写埃塞俄比亚的：在这里，很多人的下半身仅是一只奇大无比的脚，人们靠它跑来跑去；孩子们生下来是黄皮肤，随着年龄的增长皮肤会变成黑色。这看上去荒谬至极，但对于普通的中世纪读者而言却未必荒谬。他们从未去过埃塞俄比亚，可能也不认识任何来自那里的人，所以他笔下的这番描绘，为何就不能是真的呢？然而，尽管曼德维尔把埃塞俄比亚人写得很荒谬，但仍将其归为可被"拯救"者之列，因为圣经上讲耶稣降生时，有三位国王前来朝圣，其中一位就来自埃塞俄比亚。

　　然而，曼德维尔离开埃塞俄比亚后，便抛弃了原有的那种高高在上的拯救他人的想法。这是因为他在旅行途中经过了几个海岛，岛上的人就像犹太人那样，跟自己差异太大，简直令人无法忍受。然而这一次差异不是在宗教信仰方面，他们如同外星人般陌生，且野蛮粗俗。这里到处都是独眼巨人和蹄人。然而，这一切都是作者无中生有、凭空捏造出来的，愚蠢得近乎可笑，但这背后却隐藏着更为阴险的一面。离开这些野蛮落后、稀奇古怪的岛屿后，曼德维尔来到一个王国，在这儿找到了安全感。这里的人们生活富庶，生着白皮肤。此时，曼德维尔重提本书前半部分的主题：去认识不同的人，而这些人听说过基督教，因此可以被拯救。

　　《约翰·曼德维尔爵士游记》提出了一种文化同质的理想模式。这种模式中有四类人：第一类是曼德维尔和他的读者，善良的西方基督徒；第二类是那些"奇怪的"、不同的人，这些人经过改造，可以加入到第一类人所属的文化中来；第三类是犹太人，他们的与众不同使之成为不得不根除的凶兆；第四类人太过于不同，只能被看作近于人类的一种人。相较于其他几类人，这是一个劣等而野蛮的群体。今天读起来，这种文化观念就像一部反乌托邦小说的开篇，但它却很受欢迎，而随着阅读的深入，我们将看到为了使曼德维尔构想的世界成为现实，人类付出的代价何其惨痛。

第三部分　近代早期

特伦特城的西蒙以及血祭仪式

在《约翰·曼德维尔爵士游记》出版后的一个世纪里，身处中世纪欧洲的犹太人境况并无改善。对犹太人的恐吓日渐蔓延，迫害也不断升级，但更糟糕的情形还在后头。这因何而起呢？跟所有恐怖行径一样，其肇始于阴谋论。从 12 世纪中叶到 13 世纪，对犹太人的血祭诽谤（blood libel）遍布于整个欧洲；人们相信基督徒，特别是基督教儿童，他们被犹太人抓住后杀害，其鲜血被用于犹太人的祭祀仪式。这不需要证据或证人，只要你有家人死亡，或者孩子失踪，足矣。1235 年，德国富尔达（Fulda）小镇一栋房屋失火，5 名儿童不幸遇难，34 名犹太人因此被处死。1243 年，柏林附近的贝里茨（Belitz）发生了一起类似事件，整个镇上的犹太人因此受到连累，全被杀害。这并不是孤立的事件——欧洲各地数以千计的犹太人因为谎言和恐惧而被处决。1246 年，教皇英诺森四世（Innocent IV）对圣谕《身为犹太人》（*As the Jews*）做了一处修改，禁止基督徒对犹太人进行所谓的血祭诽谤。这一做法的确一度遏制了事态发展，但过不了多久，阴谋论便会卷土重来，且其气势之凶猛、手段之残忍，前所未闻。

1475 年复活节这一天，一个名叫西蒙（Simon）的两岁男孩尸体在特伦特城（Trent）被人发现，该城位于今天的意大利北部。被找到之前，西蒙已失踪数日，耶稣受难日这一天，特伦特公国君主兼主教约翰尼斯·辛德巴赫（Johannes Hinderbach）下令对这个孩子进行大规模搜寻。当然，搜寻的重点区域是该市少数族裔犹太人居住区。星期天，一个名叫塞缪尔（Samuel）的犹太放债人发现西蒙的尸体被水冲到他的房子下面。这个孩子看起来似乎是自己走失，然后不幸溺水身亡。塞缪尔和他的家人立即通知了当局和搜寻队。此时，辛德巴赫再次介入。因为 1475 年的复活节与犹太人逾越节间隔很近，因此，辛德巴赫很快便得出结论，西蒙并非溺水而亡，而是遭到了绑架和谋杀，这样他的鲜血便可作逾越节仪式之用。整个特伦特城的犹太人因此锒铛入狱。

接下来发生的事情与其说是审判，不如说是对正义的蓄意逃避。特伦特城的犹太人拒不认罪，辛德巴赫便下令施以酷刑。刑讯逼供的结果往往就是这样，人们各执说辞：谋杀的手段五花八门，背后动机为何，同伙几人，也是说法不一。但这对辛德巴赫来说都不重要，他拿到了自己想要的证据，不论是真是假。1475 年 6 月，塞缪尔和其他几个人因谋杀罪被施以火刑。至于西蒙，辛德巴赫命人将这个男孩的遗体放在圣彼得斯教堂展示，并声称这个孩子为殉道者。据说他的身体吸收了圣灵，因此可昭示圣迹。西蒙的遗体很快便引来游客参观，辛德巴赫从中大赚一笔。

> ### 对西蒙的狂热崇拜
>
> 今天，对西蒙的崇拜仍未消退，在新纳粹主义和白人至上主义群体中依然存在。2019年，一名持枪歹徒在逾越节的最后一天闯入圣地亚哥的一座犹太教堂，并开枪射击，其犯罪行为背后的动机是种族仇恨，声称是为特伦特城的西蒙复仇。

1475年8月，教皇西克斯图斯（Sixtus）试图介入西蒙事件。他命令辛德巴赫暂停诉讼，等待教皇派特使前来调查。教皇特使9月甫一抵达，辛德巴赫的一系列举动便立即引起了他们的怀疑。辛德巴赫千方百计阻挠他们与仍关押在牢的犹太人囚犯谈话、浏览审判卷宗，甚至对西蒙的遗体进行适当检查。教皇特使费尽周折，发现这背后隐藏着难以想象的黑暗。除了严刑拷打，辛德巴赫还伪造审判文件，加快对犹太人的有罪判决和处决。至于西蒙，他身体的种种迹象表明，其死因和遗体的处理被人做了手脚。同样，让辛德巴赫大发横财的所谓圣迹，也不过是一派胡言。随后，辛德巴赫开始反击。他声称教皇的特使被一个犹太阴谋集团收买，以掩盖其罪行。然后，他独行其是，坚决要求将西蒙封为圣人。

双方你来我往，博弈达数年之久，直到1478年，教皇西克斯图斯释放了特伦特城剩余的大部分犹太囚犯，赦免他们无罪，还其自由之身，以此换取他们皈依基督教。这个条件虽然苛刻，但这些犹太人饱受长年牢狱之苦，眼睁睁看着朋友和家人一个个死去，对此怎肯有半分拒绝。至于辛德巴赫，教皇颁诏，宣布特伦特审判并不违法，但其结论教廷并不认可；此外，关于西蒙封圣的请求也遭到拒绝。故事至此，一切本应尘埃落定，但辛德巴赫不会轻易丢掉这棵摇钱树。西蒙死后的 3 年里，辛德巴赫收集到西蒙殉道时产生的数百个圣迹。关于这个孩子的诗歌、信件和雕刻作品从特伦特传播到了奥地利和意大利。辛德巴赫对此欣然接受，并委托创作了更多的文学和艺术作品，鼓吹起人们对所谓特伦特城圣西蒙的狂热崇拜。

被煽动起来的西蒙狂热崇拜带来灾难性的后果。1493 年，国际畅销书《纽伦堡纪事》（*Nuremberg Chronicle*）中收录了西蒙殉道的故事，同时还配有一幅西蒙被犹太人谋杀的图画，这帮犹太人长着鹰钩鼻，视觉上被丑化。这幅画以版画和小册子的形式在欧洲疯狂传播。不久之后，所谓的血祭诽谤事件又在各地涌现，其中波兰和立陶宛等东欧国家尤甚。这类事件往往一波接一波，15 世纪和 16 世纪时都伴有突出的热点地区，甚至 20 世纪初也曾有过。然而，对西蒙的崇拜以及其中隐藏的阴谋从未真正消亡。或许最有名的是，1934 年 5 月，西蒙 1493 年之死的插图曾作为反犹太主义的纳粹宣传品，被印在德国小报《先锋报》（*Der Stürmer*）上。当人们发现这种做法能成功煽动恐惧和仇恨的时候，这幅插图就成了众多纳粹和意大利法西斯出版物和书籍中的保留内容，其中最卑鄙阴险的是，赫尔穆特·施拉姆（Hellmut Schramms）在《犹太人血祭谋杀，一项历史考证》（*Jewish ritual murder, a historical examination*）中使用此图，为"犹太人问题最终解决方案"[①]辩护。

---

① 这是1942年由纳粹制定并施行的一套针对犹太人的种族灭绝计划。

西班牙异端裁判所：腐败与混乱

若说无人对西班牙异端裁判所翘首期盼，此言不当。正如我们所看到的，一种宗教、文化同质的理想主义变得流行，正如对信奉犹太教的人进行的大规模迫害一样——几乎不可避免的是，某种由当局主导的大范围恐怖行动即将拉开帷幕。1478年，两位西班牙君主，阿拉贡（Aragon）的斐迪南二世（Ferdinand Ⅱ）和卡斯蒂利亚（Castile）的伊莎贝拉一世（Isabella I）挺身而出，建立了宗教异端裁判所。1469年，这对夫妇的婚姻有力地使西班牙四分五裂的版图得以统一。无论以哪位统治者的标准来看，这都堪称了不起的成就，但斐迪南和伊莎贝拉并不满足。夫妇二人向教皇西克斯图斯四世提出申请，允许他们成立宗教裁判所，以铲除异端邪教。所谓的宗教裁判所其实并非新鲜玩意儿，自1184年以来，此类机构在教皇的授权下时有运转，但都不及西班牙异端裁判所达到的疯狂程度。

1391年，西班牙爆发了多起惨绝人寰的大屠杀。阿拉贡、塞维利亚（Seville）和巴伦西亚（Valencia）等地的大批犹太人被杀害，西班牙的反犹太主义一时间达到了顶点。为保全性命，西班牙很多犹太人公开皈依了天主教。这就为斐迪南和伊莎贝拉上台后埋设下一大难题。

为实现西班牙统一，夫妻二人希望所有人都信奉一个宗教，即天主教。但对于那些改宗天主教者，很难判断谁是真心皈依，谁又是嘴上说说，暗地里还在信奉犹太教。设立宗教异端裁判所的初衷，就是为了查明真相，惩处那些在宗教信仰上说谎的人，从而确保他们真正皈依天主教。

那么，惩处措施有哪些呢？与人们普遍看法相反的是，死刑在惩处中其实用得并不多。这里面有一个非常好的理由。首选的是没收财物，这当然要好于被烧死在火刑柱上。但是，这确实存在两大弊端：其一，失去财物后，当事人往往无家可归，时刻面临死亡的危险，尤其是饥饿、寒冻或者疾病；其二，没收财产容易滋生腐败，这一点很快就会凸显出来。

那个被称之为魔鬼的人

> 托马斯·德·托克马达（Tomas de Torquemada）1420年出生于一个宗教家庭，据说，他出生之前，母亲从犹太教皈依了天主教。他后来成为多明我会①的修士，并结识了当时还是卡斯蒂利亚公主的伊莎贝拉。正是通过这层关系，他在王室中的地位根深蒂固，他先是就异端裁判所献言献策，后被选中去管理这个部门。

1482年初，在收到关于异端裁判所操纵虚假指控以捞取巨额好处的大量投诉后，教皇西克斯图斯四世去信给一众西班牙主教："在阿

---

① 天主教主要教派之一，也译作"多米尼克派"。

拉贡、巴伦西亚、马略卡岛（Mallorca）、加泰罗尼亚（Catalonia）等地，一段时间以来，异端裁判所的工作并非出于对信仰以及拯救灵魂的热忱，而是受聚敛财富的欲望所驱动。许多真正忠诚的基督徒，在没有任何合法证据的前提下，仅凭来自其敌人、对手、奴隶，以及其他更卑贱甚至并不安守本分的人的证词，就被关进世俗监狱，饱受酷刑折磨，最终被判为堕落的异教徒，剥夺财产，并交由世俗的军队来处死。这种行为危害了灵魂，树立了坏的榜样，令不少人心生憎恶。"西克斯图斯希望主教们在异端裁判所扮演关键角色，以遏制这股不良之风。然而，斐迪南二世对此热情不高。1483 年，他任命托马斯·德·托克马达担任该所大法官，负责建立一套更加规范的审判制度，预防腐败，让判决结果更加公平、公正。

遗憾的是，托克马达非但未能减少腐败，反而变本加厉。在托克马达的领导下，异端裁判所深入大城市或小城镇，实施恩典法令（Edict of Grace）。任何人可在 30 天时间里，在不受刑罚威胁的前提下，坦白自己的罪行。这也是一个有效指控他人的时机。不难料想的是，这导致了大量或真或假的招供。毕竟，明哲保身，承认自己没有做过的事情，然后一番忏悔了事，要远远好于拒不认罪，被他人诬陷而面临更严重的惩罚。对于那些没有招供但受到他人指控者，或者已经招供但招供不实者，托克马达建议在审讯中使用酷刑，这反过来又造成了更多的虚假供词。更多人认罪，意味着更多的财产遭没罚，但这笔钱去哪里了呢？某种意义上讲，异端裁判所的运作方式有点像金字塔的架构，处于顶层的是君王和异端裁判所委员会，处于底端的大量地方性异端裁判所将财富向上输送。颇为可惜的是，异端裁判所的许多早期财务文件没有保存下来。然而，据报道，斐迪南和伊莎贝拉从没收的财产中大捞一笔，有 1000 万金币之多。

随着异端裁判所迫害行为升级，人们对表面上信奉犹太教的人和那些已知改宗天主教的人，恐惧和不信任感也愈来愈深。这反过来导致各种阴谋论甚嚣尘上。一种流行的观点是，犹太人利用这种嫌隙来引诱改宗天主教者重返犹太教。另一种理论当然是血祭诽谤。后来，一桩被称为"拉瓜迪亚圣子"（the Holy Child of La Guardia）的事件成了重要转折点。1491 年年末，9 名犹太男性和改宗天主教者因绑架、谋杀一名儿童，并将其遗体用于宗教祭祀之罪，被处以火刑。这个案件证据不足，因为没有找到尸体，所以也无任何迹象表明这个孩子确有其人。但这些人不堪忍受酷刑，承认了自己的罪行。他们的认罪从此打开了犹太人被驱逐出西班牙的大门。1492 年年初，《阿尔罕布拉法令》（the Alhambra Decree）颁布，宣布所有犹太教信徒要么离开西班牙，要么皈依天主教。被迫流亡的确切人数存在争议，但通常估计在 10 万至 40 万之间。可悲的是，他们远非唯一遭受迫害的宗教群体。随着犹太人的离开，迫害对象转移到穆斯林身上。1492 年西班牙征服并占领格拉纳达（Granada）后，斐迪南和伊莎贝拉结束了伊斯兰教的统治，没过不久，便推行一项强制改变宗教信仰的计划，遂引发 1499 年至 1500 年间的一系列暴乱。最终，穆斯林不得不在皈依天主教和被驱逐出自己的家园与土地之间做出选择。然而，迫害到此并未结束。1609 年至 1614 年间，西班牙对莫里斯科人（Moriscos，一支改宗基督教的穆斯林后裔）进行了分阶段的强制性驱逐，大约有 30 万人被流放。对流放者而言，这一判决往往意味着死亡：或因饥饿，或因寒冻，或因谋杀。

西班牙异端裁判所以多种形式长期存在，一直到 1834 年。事实证明，迫害犹太人带来的回报极为丰厚。斐迪南和伊莎贝拉从没收财产中聚敛的巨额财富只是其中九牛一毛。通过后来的财务文件，我们可以看到，裁判所没收的钱财时多时少，多的时候，数量惊人。例如1678 年，异端裁判所从马略卡岛多起大规模逮捕行动中，没收金额高达 250 万达克特^①。或许这就是现在人们认为异端裁判所直接判决的官方处决数字低得惊人的部分原因。现代历史学家估计，1480 年至 1530年间，在官方主导的死刑判决高峰期，大约有 1000 至 2000 人被处死；而 1530 年至 1826 年间，则大约有 1000 人遭到处决——腐败和贪欲为异端裁判所提供了一个更佳的裁决选择。

---

① 也叫杜卡特金币，是中世纪流通于欧洲各国的一种金银货币。

《女巫之锤》与编造的巫术

我们现在将要提的也是一本"经典"之作。这部本不该出现的著作竟酿成了最离奇荒诞的后果，成千上万无辜的生命因此陨灭。魔法和巫术的概念在全球大多数文化中由来已久。事实上，我们已经在武皇后传说以及圣殿骑士团的覆亡中提到过。巫术并不一定与宗教异端和魔鬼行为有关联，但此种情形14世纪时开始起了变化。当时，魔法"可通过训练而成"的观念一时风靡西欧。神职人员纷纷埋首于希腊和阿拉伯故纸堆中，研习里面与炼金术、占星术和精神行为有关的内容。确切地讲，天主教会对此并不感兴趣。大约在1324年，天主教首次将巫术归为异端邪说。非常有趣的是，这一规定出现在由宗教法官伯纳德·吉（Bernard Gui）撰写的一本"沉默者审讯"手册中，而作者本人其实未曾有过审判巫师的经历，所以对于法官该如何寻找证据，他只能胡编乱造一通。

到了15世纪30年代，这种对巫术既恐惧又迷恋的情形，发展到一个新的高度。伯纳德·吉仓促地制定出巫师清单，而当时欧洲各地很多学者正在撰写关于巫术和魔法危害的大部头书籍，其中影响最大的是约翰内斯·尼德（Johannes Nider）所撰《蚁丘》（*Formicarius*）

系列中的第 5 本。实际上是尼德最早弃用"sorcery"一词，转而使用"witchcraft"这个词表示巫师，并且将之直接与魔鬼行为联系起来。为了使自己的发现更有说服力，此书甚至还呈现了对一位据称来自瑞士的女巫的采访。当然，这样一部妙趣横生的书很快便畅销一时。尽管公众对巫术表现出了极大的兴趣和热情，但对于何谓女巫、如何阻止她们等诸多问题，实际上仍无任何明确共识。所以，尽管当时有一些对女巫的审判，但由于人们对女巫多有异议，所以此等案例并不多见。不过，这一切将因一个叫海因里希·克莱默（Heinrich Kramer）的人而改变。

若说克莱默为人不大诚实，显然过于轻描淡写。作为一名德国牧师和宗教法庭的法官，克莱默以撒谎和盗窃臭名远扬，包括 1475 年的盗窃指控和 1482 年的挪用军费指控。教皇待其不薄，把这两项指控悄悄压了下来。克拉默的主要工作是发现宗教异教徒，但 1480 年前后，他迷上了巫术，甚至有点走火入魔。1484 年秋，他来到拉芬斯堡（Ravensburg），忙不迭地宣扬魔鬼巫术的危害。短短数日之内，他便主持审判了 8 名女性，判定她们为女巫后，将之烧死在火刑柱上。此时，克莱默意识到他要干一件大事——寻找女巫。但不幸的是，他眼前便遇到了拦路石——他或许会说处死这 8 名被指控的女巫是正确的，但其实这种做法并无法律上的先例。而拉芬斯堡的地方官员们开始为此大做文章，不依不饶。为了清理这个障碍，克莱默在 1484 年冬来到罗马，请求教皇授权他起诉女巫。教皇英诺森八世（Pope Innocent Ⅷ）接受了他的请求，并发布教皇诏书《最深之忧思》（*Summis desiderantes affectibus*）。该诏书正式承认女巫的存在，并赋权法官在其认为合适的时机对女巫进行起诉。

　　1485 年，克莱默着手准备另一次大规模女巫审判，这次是在奥地利的因斯布鲁克市（Innsbruck）。这次审判中，14 人被指控施展了巫术，其中有一位叫海伦娜·舍伯林（Helena Scheuberin）的女性。克莱默和舍伯林之前交过手——克莱默甫一到达因斯布鲁克，舍伯林便敦促社区不要参加他的布道，甚至还暗示，如果有巫师，那一定是克莱默本人，毕竟他对巫术是何等痴迷！克莱默指控舍伯林施展巫术谋杀他人，为寻找证据，他深入调查了舍伯林的过往历史，声称她有不道德的性行为。这种说法在庭审时未得到支持，因斯布鲁克的官员们对克莱默拿女性的性生活史作为证据感到非常愤怒。这一结果似乎有些令人惊讶，毕竟时值 1485 年，并且女性当时也毫无权利而言。不过对于因斯布鲁克的官员们来说，这其实无关乎性别平等问题，而是究竟何为异端的问题。克莱默或许会说，舍伯林的性史被证明属于异端邪行，但这只是一面之词。克莱默为寻找女巫而来，而不是凭其个人对女性品行端正与否的判断来惩罚女性。因此舍伯林最终被无罪释放。克莱默勃然大怒，对这一判决结果耿耿于怀。他在因斯布鲁克附近四处游逛，搜集（有时捏造）证据，找目击证人攀谈，并试图逮捕嫌疑人，但未得逞，直到 1486 年，他最终被赶出了这座城市。尽管如此，克莱默还是咽不下这口气，他来到科隆（Cologne），在这里完成了一部鸿篇巨制。

---- **辛劳与烦恼** ----

"

尽管今日看来，塞勒姆审巫案是最有名的一场审判，但其实它是死刑判定率最低的审判之一。1692 年至 1693 年间，19 人被判定有罪并被绞死。17 世纪时的德国境内进行了多场大规模判审，其中富尔达（Fulda）估计有 250 人被处死；维尔茨堡（Wurzburg）有 157 人被确认处决，整个王公主教区估计有 900 人被处死；在班贝格（Bamberg），1626 至 1632 年间有 900 人因此丧命。

"

出版于 1487 年的《女巫之锤》（*Malleus Maleficarum*）包括 3 部分内容：

1. 为何说女巫真实存在，且为魔鬼附体。

2. 女巫如何施展危险的魔法。

3. 宗教裁判所的法官如何才能抓到女巫，使其认罪，并且最重要的是，处决她们。

1430 年兴起了女巫研究热，克莱默书中的很多内容便取自当时一些学者的著述，其中包括尼德所撰写的《蚁丘》。克莱默和他的法官同事雅各布·斯普林格（Jacob Sprenger）对神话和民间传说进行了深入研究，梳理出一些传统故事，将其角色分成若干种巫师类型。现举一例，13 世纪传说中有一群女性，她们飞檐走壁，穿门而入，还经常友好地在桌上留下点食物作为馈赠。在克莱默笔下，这些人都摇身变为女巫，照样飞檐走壁，穿门而入，只不过并不会留下礼物，因为这样的举动不是特别能展现其邪恶的一面。为进一步证明其女巫身份，克莱默对巫术做了一番个人论述，其中大部分极有可能是凭空捏造的，因为没有迹象表明，他在 1484 年之前曾参与过女巫审判。我们知道他在因斯布鲁克曾受了羞辱，所以他在书中还讲了一番大道理，即作为弱势群体的女性，为何比男性成为巫师的可能性大得多。通常而言，女巫的理想人选是这样一类女性：口无遮拦、名声不佳、性欲旺盛，或者据传与他人有不正当男女关系。指控她们无须确凿的证据，造谣一则足矣。克莱默主张对拒不认罪者，或可严刑逼供，或可用谎言诱供。

　　此书一经出版，便大受追捧。以前虽也屡有关于女巫的论著问世，但书前均未附有教皇诏书《最深之忧思》。克莱默明确表示，对教会、宗教和所有善良的基督徒而言，巫术即使不是最大的威胁，也必是其中之一。这一战斗号召在整个欧洲得到广泛响应。从该书问世，一直到 17 世纪末，一场疯狂的猎巫行动在欧洲上演。《女巫之锤》堪比猎巫人捧在手中的《圣经》。随着时间的推移，克莱默关于女巫的分类也不断丰富，还增加了关于判断女巫身份的印记等内容。据估计，总共有 5 万人死于这场猎巫运动，其中主要是女性。如此这般丧心病狂、大肆屠戮，皆由一个不堪忍受失败的男人而起。

教皇琼的传奇故事

传说有一位叫琼的教皇，曾在中世纪时掌管罗马教廷，人们对她的评价可谓众说纷纭，有人说她是"天主教想遮掩的一块污点"，有人则说，她是被世人遗忘的女权殉道者。传说她在855年至857年之间短暂担任教皇一职的这段故事，不但令中世纪的观众沉迷，并在宗教改革时使天主教会遭受重创。但我们起码先要搞清楚：教皇琼果有其人吗？

最早关于教皇琼的历史记载，暗含诸多不祥之兆。1255年，琼首次被人提及，此时距其推测的生活年代已过去了几百年。多明我会的修士让·德·迈利（Jean de Mailly）写到，教皇在街头意外分娩，始被人发现女儿身。人群很快聚集，用石头将她砸死。在接下来的20年里，又出现了两份重要论述，说法却各不相同。第一位作者为多明我会修士艾蒂安·德·波旁（Etienne de Bourbon），他说"令人震惊的不堪而荒唐的一幕"发生在1100年。然而，在1265年和1277年间，另一位多明我会修士马蒂努斯·波罗纳斯（Martinus Polonus）在其关于罗马教皇和皇帝的编年史中把这个故事提前到855年前后。实际上，马蒂努斯的说法流传最广，并且以此为基础，内容不断丰富——一个出生在美因茨（Mainz）的英国女人琼和她的情人来到雅典，女扮男装，化名约翰，在此地居住。因为智慧超众，琼被人们一致推选为教皇，并在这个职位上待了"两年七个月零四天"。在一次游行中，琼在"竞技场和圣克莱门特之间的一个狭窄通道里"诞下一名婴儿，不久便离开了人世。马蒂努斯解释说，"由于女性形象被丑化的缘故"，教廷并无关于教皇琼的记载。

正如我们已看到的那样，事件发生几百年后，突然冒出一些历史记载，其真实性往往令人生疑。故事被一遍遍讲述，情节离真相越来越远，犹如在进行一场学术造谣实验，各种说法之间相去甚远，读者会越发生疑。教皇琼的情形即是如此。除了这些早期论述，确实没有太多证据表明历史上曾有其人，而迈利、波旁和波罗纳斯所提供的证据怎么看都站不住脚。历史就是这样，如果一个故事讲得好听，充满趣味，哪怕它是谎言，谁又在乎呢？于是，关于教皇琼的传说便成了现实。

我们前文讲过，蒙茅斯的杰弗里笔下的亚瑟王传奇逐渐成为浓墨重彩的一笔历史。教皇琼的传奇故事跟它类似，其最初引发的涟漪效应并不是那么大。可以这样说，除了令天主教会感觉难堪之外，唯一值得一提的影响是中世纪的一个传言：鉴于之前教皇琼的性别欺骗，所有新当选的教皇都必须坐在一把有钥匙形孔的特殊椅子上，以便检查其生殖器。有趣的是，这把椅子实际上确实存在，但那个孔其实代表的是便桶——新教皇从椅子上起身，这一动作象征着卑微的开始，并表明即使高高在上的教皇也是人。然而，随着时间的推移，教皇琼的传说不光是校园里流传的那则生殖器椅子的故事，而且真真切切成为天主教会的一大威胁。

14 世纪的宗教改革家扬·胡斯（Jan Hus）是最早利用教皇琼的丑闻来游说反对教皇至上的人之一。他认为，琼担任教皇两年多，这意味着要么上帝其实并未真正任命每一位教皇，要么教会明知故犯，在上帝没有任命教皇的情况下运作。胡斯反对教会的立场，为他招来杀身之祸，于 1415 年被处死，然而，他关于教皇琼的思想火花并未随他的死而熄灭。在当时，没有人相信一个女人可以通过正当途径登上教皇宝座，更何况还是一个有情夫、非婚生子和假扮男人等劣迹斑斑、臭名昭著的女人。因此，假如教皇琼真实存在，那就暴露出天主教会运作中存在巨大缺陷。假如她不存在，那么，这其实也不要紧，因为教会从未否认过她的真实性。因此，教皇琼这一事件，犹如一根对付天主教会的完美大棒。

16 世纪时，宗教改革者对天主教会发起猛烈批判，质疑其教义以及腐败滥权行为。教皇琼的丑闻便是他们手中的一把利器，扬·胡斯提出的观点是其批判内容的核心。然而，人们不由自主地在教皇琼的故事上大做文章。关于其聪明睿智的说法被删除，取而代之的是所谓的不道德性行为——进一步推论，也就是教会不道德。剧作家约翰·贝尔（John Bale）声称她诞下的是某个牧师的孩子，而索尔兹伯里（Salisbury）的主教在 1560 年认为，必须在教皇史上给琼记上一笔，因为她和同时代的人一样淫乱堕落，譬如，据传约翰十三世（John XIII）就有乱伦行为。在 16 世纪 50 年代末，形势进一步发展，一些改革者如皮尔·保罗·维杰里奥（Pier Paolo Vergerio）声称琼的真实身份是死灵法师和女巫，靠着魔鬼相助，一步一步登上教皇宝座。

假教皇的假圣迹

　　借着这则传说的流行，许多声称能证明教皇琼确有其人的伪造物开始出现，包括硬币、半身像和其他一些圣迹，这些圣迹更使得这个故事经久不衰。时至今日，仍有一些历史学家和考古学家痴心未改，妄图证明这位女教皇的确存在。但遗憾的是，迄今为止所有尝试均以失败告终。

　　宗教改革派的造谣行为愈演愈烈，到了不可收拾的地步。无奈之下，罗马天主教开始频频撰文，试图证明教皇琼根本就不存在，但收效甚微。终于，1601 年，教皇克莱门特八世（Clement Ⅷ）亲自出面，宣布关于教皇琼存在的说法无凭无据。然而，改革派紧揪住这件事不放，文章照做，对抗教会。新教改革最终取得了胜利，天主教一分为二，即现在的罗马天主教会和新教。直到 17 世纪，教皇琼才被历史学家大卫·比昂德尔（David Blondel）最终证明纯属子虚乌有，颇具讽刺意味的是，比昂德尔是一位新教徒。

大伪装者珀金·沃贝克

1455 年至 1485 年间，英国陷入了一系列血腥内战，史称玫瑰战争。亨利六世统治无能，导致国家损失了大量土地和财富，宫廷内部亦腐败丛生。1454 年，亨利六世突患精神疾病，整日里高度紧张，无法正常生活，更别说统治国家了。于是，对护国公这一宝座的权力争夺，在金雀花王室各敌对派系之间展开。赤裸裸的阴谋、奸计轮番上演，大家轮流坐庄。最终，约克家族（族徽为白玫瑰）和兰加斯特家族（族徽为红玫瑰）之间爆发了一场全面战争。

1483 年，随着爱德华四世（Edward IV）离世，这场持续数十年的战争迎来终结的曙光。爱德华五世（Edward V）继承了父亲王位，可当时他年仅 12 岁，过于幼小，没有能力统治国家，爱德华四世的弟弟理查（Richard）便担任护国公，直到小国王长大成人。然而，理查觊觎王位，将爱德华及其 8 岁的弟弟，约克公爵什鲁斯伯里的理查（Richard of Shrewsbury），关押在伦敦塔中。1483 年 7 月，臭名昭著的理查三世加冕为国王，而小王子们则神秘地消失了——几乎可以断定是被杀害了。不出所料，大多数人对理查的上位之路感到不满，其统治正当性遭到质疑。来自兰加斯特家族的亨利·都铎（Henry Tudor）

看到了机会，决心为自己谋求王位。1485 年 8 月，双方在博斯沃思之战（Battle of Bosworth）中再次交手。结果，理查三世战败被杀，亨利·都铎成为英格兰新国王。然而，仅仅 10 多年后，他的统治就受到了一个名叫珀金·沃贝克（Perkin Warbeck）的伪装者的质疑。

兰伯特·西奈尔

沃贝克是第二个对亨利七世构成威胁的伪装者，第一个是兰伯特·西奈尔（Lambert Simnel），一个年轻的男孩。他先是自称约克公爵理查，后又改称沃里克的爱德华（Edward of Warwick）。西奈尔曾是 1487 年试图推翻新国王亨利七世统治的约克王朝的支持者中的核心人物。计划失败后，西奈尔成了国王宫廷里的一名厨房勤杂工。

关于珀金·沃贝克的早期经历，我们所知甚少。1474 年左右，他出生在佛兰德斯(Flanders)的一个贫困家庭，后来在安特卫普（Antwerp）做过仆人和学徒。大约在 1491 年，因工作之故，他来到爱尔兰的科克郡（Cork），此时人们开始注意到，如果眯起眼睛，珀金·沃贝克看起来有点像金雀花家族的人。沃贝克究竟出于何故，开始声称自己是英国王位继承人，不得而知。然而，他最初自称是爱德华·金雀花（Edward Plantagenet），第 17 代沃里克伯爵、乔治·金雀花之子、爱德华四世和理查三世的兄弟。遗憾的是，这一说法很难成立，因为沃里克目前是伦敦塔的一名囚犯，自 1485 年以来一直关押在那里。因此，沃贝克改口说他是离奇失踪王子中最小的那个，约克的理查（Richard of York）。根据他的说法，其兄爱德华确实被谋杀了，因为自己年幼无知，所以才免遭毒手。从此他一直秘密地生活在欧洲，但现在他回来了，准备拿回属于自己的英国王位。

可以说，沃贝克编造出来的故事简直愚蠢至极。除了最初关于自己的身份变来变去，他还在学习英语，这不免令人生疑，因为假如他讲的故事是真的，他9岁时才离开英国。然而，对于那些想要推翻都铎王朝的人来说，沃贝克和他的故事还是有点利用价值的。在接下来的几年里，沃贝克被派往欧洲各大宫廷，其约克的理查的身份被法兰西国王查理八世（Charles Ⅷ）和神圣罗马帝国皇帝马克西米连一世（Maximilian Ⅰ）承认。甚至连勃艮第的玛格丽特（Margaret of Burgundy），爱德华四世的妹妹，也认下了这个侄子，尽管这很可能不是出于相信他，而是想夺回属于自己家族的王位，更何况亨利·都铎还是其杀夫仇人。

1495年7月，在勃艮第的玛格丽特帮助下，沃贝克启程去争夺王位。然而，当他在英国迪尔（Deal）小镇登陆时，遭到当地军队的强烈抵抗，他们对都铎王朝国王亨利七世忠心耿耿。沃贝克迅速逃往爱尔兰，他的军队试图从这里入侵沃特福德（Waterford），但再次失败。沃贝克夹着尾巴跑到苏格兰，得到了国王詹姆斯四世（James IV）的庇护。跟法国国王一样，詹姆士四世也不大可能相信沃贝克，但他的故事使其成为詹姆士四世手中瓦解都铎王朝新政权、夺取英国土地的绝佳棋子。1496年9月，在苏格兰人的支持下，沃贝克再次入侵英格兰，然而又一次倒戈卸甲，大败而归。苏格兰军队只想入侵边境，而沃贝克一直所倚赖的支持者们也没有现身。然而，对都铎王朝发动最后一击的关键契机出现在了1497年。这一年6月，康沃尔郡（Cornwall）爆发了反对国王亨利七世横征暴敛的叛乱。詹姆斯四世似乎急于摆脱珀金·沃贝克这个失败者，让他去给别人制造麻烦。他敦促沃贝克加入康沃尔的起义并组建自己的军队。9月，沃贝克到达康沃尔海岸，并成功组建起一支数千人的军队。然而，沃贝克的新军队中大多数人没有携带武器，所以当遭遇国王的军队时，一切都结束了。

　　亨利七世对康沃尔的叛乱者严厉惩罚，处死了他们的领袖，但他放了珀金·沃贝克一马。此时沃贝克已经承认他不是约克的理查，只是一个来自佛兰德斯的无名之辈。亨利七世把他关在自己的监狱里。沃贝克虽是犯人之身，但他并未被关在狭窄的单人牢房里，也无死亡之忧；事实上，他在狱中享有相对比较大的自由——就牢狱生活而言，这已是非常舒适的条件了。尽管如此，沃贝克在1498年曾试图越狱，失败后被立即送往伦敦塔。他在这里遇到了沃里克，即他最初伪装的那个人。对沃里克来说这可不是件好事儿——他是金雀花王朝最后一个幸存的男性继承人，10岁起他就被囚禁在塔里，过去13年来，他一直过着风平浪静的生活，或许是因为他幼年入狱，据说对现实已毫无影响力。然而，沃贝克事件证明，任何金雀花王朝的继承人，不管是真是假，都是难以遏制的威胁。1499年初，又一个沃里克伪装者冒出来，尽管这场阴谋很快被粉碎，但亨利七世下定决心根除后患。一桩有可能是被捏造出来的阴谋突然曝光，在这场阴谋中，沃贝克和沃里克将从伦敦塔越狱。亨利·都铎以此为由，判处二人死刑，并于1499年11月最终执行。来自金雀花家族的威胁去除了，都铎王朝从此高枕无忧。

《君士坦丁赠礼》

很显然，15 世纪迎来了许多一触即发的转折点，引发了几场席卷欧洲数世纪的运动，例如西班牙异端裁判所、欧洲"女巫审判"狂热及血祭诽谤狂热。除此之外，当时还出现了另外一个看似风平浪静的转折点：一桩谎言。但这桩谎言后来同样激起了千层浪。

出生于 1406 年的意大利学者洛伦佐·瓦拉（Lorenzo Valla）与本书前面章节所介绍的人物都不一样。他不仅坚持真理观，还着迷于研究修辞学会如何影响人类个体对真实与虚构的理解。1439 年，他创作了《辩证式辩论》（Dialectical Disputations）一书，并在书中提出这样一个观点：真理并不全部来源于事件本身或事实，也可以来源于呈现在我们面前的东西，但后者是一项建议：你可以选择信或不信。例如，我们都清楚《女巫之锤》是在捏造事实，它不过是一本巧合之书，糅合了民间传说、中世纪学术环境以及作者海因里希·克莱默本人的杂谈。然而，我们可能会相信这是真的，因为我们周遭的世界常常充满未知，而克莱默提出的观点恰好填补了这些空白。信以为真，则就是真。这个观点在今天看来仍十分现代化，更遑论在 15 世纪的背景下。可想而知，瓦拉根本无法凭此结交到任何朋友，尤其是教会系统内的朋友。

事实上他反倒因此被戴上"职业异教徒"以及我们如今称之为"喷子"的称号。他的作品极具煽动性，还让教会遭受各种质疑，以至于人们认为他肯定是在哗众取宠——某些学者就是"唯恐天下不乱"。或许，瓦拉个人所秉持的这一观点及其著作，最终导致他的重要发现被驳斥为不实言论。

1440 年，瓦拉效命于阿拉贡国王兼那不勒斯国王阿方索五世（Alfonso V）。阿方索与教皇尤金四世（Pope Eugene IV）发生了激烈争执，前者反对教皇国^①对其统治王国的主张，尤其是那不勒斯。尤金坚称，由于一道颁布于四世纪的法令《君士坦丁赠礼》（The Donation of Constantine），罗马教会对阿方索治下的土地拥有主权。按照罗马教会的说法，君士坦丁大帝（Constantine I）为了答谢罗马主教西尔维斯特一世（Sylvester I）奇迹般地治好了他的麻风病，他诏令将罗马西部地区赠予罗马教会。有意思的是，教会在过去几个世纪里从未真正按照所谓的《君士坦丁赠礼》行事，而一旦按令行事，他们便会倾注全力。这一法令为教会带来了切切实实的利益，包括巩固权力、确保教会对国家教会精英的控制，以及夺取和维持土地的统治。阿方索心存疑虑，觉得《君士坦丁赠礼》对罗马教会实属恩泽广大，简直让人匪夷所思，因此他指派洛伦佐·瓦拉就此展开调查。

很快，瓦拉就发现这是一道伪造的法令，一份炮制于 8 世纪的虚假文件。瓦拉发现，这份声称颁布于 4 世纪的文件所用的语言与同时期的语言并不吻合，他指出，这份文件的错误比比皆是，罗马教会

---

① 754年至1929年2月11日间一个政教合一的君主制国家，位于欧洲亚平宁半岛中部，由罗马教皇统治，与神圣罗马帝国有着密切关系，是当时欧洲最有影响力的国家之一。

不可能不知情，这多半是他们自编自演的结果。瓦拉将自己的调查结果整理成一份手稿，即《〈君士坦丁赠礼〉辨伪》（Discourse on the Alleged Donation of Constantine）。他毫不含糊地指出："在过去的几个世纪里，要么他们从来都不知道《君士坦丁赠礼》是虚假伪造文件，要么他们自行伪造了这份文件。而且他们的后来者追随先辈的脚步，继续行走在鱼目混珠的路上……将所有事物与谋杀、灾难和罪行混在一起。他们说罗马城是他们的，西西里王国是他们的，那不勒斯是他们的，整个意大利是他们的，高卢是他们的，西班牙是他们的，日耳曼是他们的，不列颠是他们的，整个西部也是他们的；因为所有这些都包含在捐赠文书里。"但是，还没等瓦拉的这部著作开始走向大众，教会就立马予以驳斥——这毕竟是出自洛伦佐·瓦拉之手，他无非想要再次博取关注。

宗教改革之父

马丁·路德是 16 世纪最具影响力的人物之一。1505 年，他差点被雷电劈中，心有余悸的他叩响修道院的门，成为一名修士。他抨击教会，推动了宗教改革和新教发展。但是，马丁在晚年撰写了一系列反犹文字，他播下的反犹意识持续发展，其中一些反犹言论还蔓延到二战时期的第三帝国。

时隔 77 年，也就是在 1517 年，瓦拉的手稿终于出版了。随后数年，一些欧洲显赫人物都阅读过这本书，包括托马斯·克伦威尔

（Thomas Cromwell）^①。但是，最具影响力的读者当属德国牧师和神学家马丁·路德（Martin Luther），他阅读这本书的时间是在 1520 年。而在 3 年前，路德就发表了《九十五条论纲》（Ninety-five Theses），开启了闻名后世的新教改革运动，也称欧洲改革运动。《论纲》指出了天主教的一系列问题，包括教会向人们出售赎罪券并宣扬可以让死者减除炼狱痛苦的权利。路德从瓦拉的作品中看到了另外一个迹象，即天主教腐败已经病入膏肓，积重难返，因此只有编造一些所谓的"真相"来进行兑现和掌权。他写道："《君士坦丁赠礼》是一份伪造文件。天哪！罗马（教廷）究竟有多阴险邪恶！上帝的判断简直让人百思不得其解，如此虚假、粗野且无耻的谎言不仅存在于世，竟然还盛行了几个世纪！"1521 年，路德被逐出教会，还被宣布为异教徒。但不同于瓦拉，路德的发声已经很难被压制。得益于印刷机的发明，路德揭露教会腐败及其欺骗行为的著作被广泛地印刷传播，阅读人数达到了空前的程度。他撰写的小册子和书籍传遍欧洲各地的城镇，为人们开启了一扇门，迎接宗教新思想，批判曾经无所不能的天主教。欧洲宗教改革自此拉开了序幕。

---

①　托马斯·克伦威尔（1485—1540）是英国近代社会转型时期杰出的政治家，英王亨利八世的首席国务大臣。

征服阿兹特克①

在 16 世纪，正当欧洲宗教改革运动如火如荼地开展，西班牙也近乎成为凶残、暴行和压迫的代名词。它是欧洲乃至整个世界的元凶首恶。在 1567 年出版的《西班牙宗教裁判所图画集》（*Exposition of the Arts of the Spanish Holy Inquisition*）一书中，西班牙第一次被着力刻画为宗教狂热分子。西班牙在宗教裁判所存在期间极尽暴戾之能事，书中就有一幅插图描绘了成千上万人被施以酷刑及处决的场景。然而，这是一个谬误——我们都知道，尽管有很多人在宗教裁判所遭受处决，但实际人数要远低于现在常见的数目。此外，大规模火刑事件被过分着墨并大肆渲染，淹没了西班牙驱逐犹太人和穆斯林的事实。毕竟，相较于对宗教团体的系统性压迫②和驱逐而言，将无辜者处以血腥极刑更能直抓眼球。于是，有关西班牙宗教裁判的叙事逐渐固定化，虽然不尽真实，却更容易让读者本能地感到触目惊心，无暇去探究腐败、

① 存在于14世纪至16世纪的墨西哥国家，其传承的阿兹特克文明与印加文明、玛雅文明并称为中南美三大文明。

② 2020年6月11日，美国韦氏词典对"种族主义"（racism）一词的定义进行修改，在注释中加上"系统性压迫"（systemic oppression）一词。

贪婪和种族主义的复杂性。

　　这种叙事传统在 20 世纪被称为"黑色传说"①，它不实地描述了西班牙历史的黑暗面。很快，被歪曲的历史真相便凌驾于宗教裁判所和宗教改革之上，包括殖民暴行，尤其是西班牙征战阿兹特克帝国期间的暴行。许多历史教科书中关于这场征战的常见叙事基本如下：1519 年，由荷南·科尔蒂斯（Hernán Cortés）率领的几百名西班牙征服者抵达阿兹特克帝国的首都特诺奇蒂特兰（Tenochtitlán）②。同年 11 月，科尔蒂斯会见了帝国皇帝蒙特祖马（Moctezuma）。此人深信来者为神，二话不说便将自己的帝国拱手相让，他随后即刻遭到软禁。虽然阿兹特克人奋起反抗，但终因力量悬殊而被欧洲人迅速镇压。欧洲人不仅霸占了阿兹特克人的土地和财富，还利用兵刃以及天花这一出其不意的细菌武器，致使生灵涂炭。1521 年 8 月 13 日，特诺奇蒂特兰落入西班牙人之手——这次征战大获全胜。

> **特诺奇蒂特兰**
>
> 　　阿兹特克帝国的首都特诺奇蒂特兰建于 1325 年左右。整个城市以中心广场为轴心，对称地分为 4 个区，是世界上最雄伟壮丽的城市之一。甚至连征服者也难以用语言来描述它的辉煌建筑和文化奇迹。据估计，这座城市当时居住着 20 万到 40 万人口。

---

① 一种持续的、利用有偏见的报道、资料乃至杜撰的史料针对某一国的历史研究。

② 今墨西哥城城址。

正如历史学家马修·雷斯托尔（Matthew Restall）和卡米拉·汤森（Camilla Townsend）所指出，这种常见叙事普遍基于神话，而非事实。15至16世纪对"黑色传说"式叙事的固化很大程度上歪曲了真相。而且，西班牙向来恶贯满盈，欧洲人对异己文化和社会的态度也让西班牙显得更加劣迹斑斑。在这种情况下，阿兹特克人一些特异而无法被理解的部分就被轻描淡写地带过。与宗教裁判所的叙事无异，另一个过于简单化的故事诞生了：西班牙作为元凶屠杀了整个帝国，而土生土长、装备不良的阿兹特克人作为受害者则毫无还手之力。这种叙事演绎极大地破坏了人类共有的历史认识。

在探究历史真相之前，我们不妨先了解下这些错误信息究竟有多少破绽。相对典型的例子就是，公众对阿兹特克人的活人献祭习俗普遍存在两种认识，尽管内容铺陈不尽相同，但它们都是不正确的。第一个关于阿兹特克献祭习俗的报道来自征战成功后的西班牙，正因如此，许多历史学家认为这只是西班牙用于自证战争合理性的夸大之词。另外一些人虽然认为这些报道全部属实，但却全然不顾阿兹特克人在宗教和献祭方面的文化意义，反而还罗织了一个更加骇人听闻、大多子虚乌有，以及充满血腥暴戾的概念。幸运的是，考古学家发现了位于墨西哥城地下的特诺奇蒂特兰遗址，这些考古发掘新发现正在改变这种叙事。根据西班牙征服者安德烈斯·德·塔皮亚（Andrés de Tapia）的描述，他于1521年在阿兹特克大庙（Templo Mayor）附近看到了被献祭者的头颅被堆叠成塔状，以达到恐吓敌人的目的。但人们对这种说法不以为然，认为只是西班牙的辩白之词；但在2017年，一座由650多个头骨堆成的塔状体被挖掘出土。随着特诺奇蒂特兰遗址考古工作的不断深入，新发现的被献祭者遗骸也越来越多。值得注意的是，这其中不仅有男性被献祭者和战俘的遗骸，还有无辜妇幼的遗骸——考古团队对此颇为吃惊，妇女和儿童自古以来都是远离战场的，不应该和军事集中杀戮有挂钩。所以，西班牙人没有撒谎，但我们仍然不清楚阿兹特克帝国是如何运作的——在征服阿兹特克的神话与真相之间仍有许多有待深挖的地方，不过根据我们目前确切掌握的若干要素，它们与常见的叙事几乎都不相符。

当科尔蒂斯和帝国皇帝蒙特祖马在 1519 年 11 月初会面时，后者并没有立即交出统治权。相反，他在位执政的权力仍暂时得以维持，时间少则数周，多则数月。蒙特祖马对科尔蒂斯以及其他征服者的情况了如指掌——自从他们登陆墨西哥，他始终紧盯着他们的一举一动。在进入特诺奇蒂特兰之前的数月里，科尔蒂斯及其手下一直在攻击平民、拉拢联盟、逼人归顺、奴役百姓和肆意屠杀。西班牙人所到之处，民众皆视他们为天人——又或许是一群狂热分子，但绝非神祇。1519年 9 月，科尔蒂斯与纳瓦族的特拉斯卡拉部落（Nahua state Tlaxcala）结盟，后者与阿兹特克帝国之间爆发了一场断断续续持续数十年的"鲜花战争"（Flower Wars）①。实际上，科尔蒂斯是在特拉斯卡拉部落的偕同下，与蒙特祖马进行会面的。当时，蒙特祖马已经用了好几个月的时间在寻找最佳对策。他不想开战，所以便任由西班牙人来刺探更多的军事情报。双方僵持不下，直到 1520 年 4 月，蒙特祖马获知一支西班牙舰队正驶向特诺奇蒂特兰。但是，这些船舰并非打着入侵的旗号，而是冲着科尔蒂斯来的。

---

① 指阿兹特克与敌对城邦之间的以抓人祭神为目标、仪式意味浓重的战争。这场战争并不以征服对方为目的，只是为了保证有足够的俘虏充当祭品。

1518 年，出任古巴总督的西班牙征服者迪亚哥·委拉斯开兹（Diego Velázquez）批准由科尔蒂斯率军远征墨西哥，但委拉斯开兹很快便收回成命。所以，当科尔蒂斯在 1519 年登陆墨西哥时，他并没有获得西班牙方面的首肯。1520 年 4 月，委拉斯开兹派遣潘菲洛·德·纳瓦埃兹（Pánfilo de Narváez）率领一支舰队，前往寻找并阻止科尔蒂斯的暴戾行为。一听到舰队的消息，蒙特祖马立即诏令人民准备战斗，而科尔蒂斯也意识一切都完了，两支敌对的西班牙队伍即将兵戎相见，于是他不假思索地将蒙特祖马扣为人质，并实施了软禁。他希望透过这个行为让特拉斯卡拉部落知道，他已经控制了阿兹特克帝国，并以此获得拥戴。5 月，科尔蒂斯离开特诺奇蒂特兰，前往纳瓦埃兹及其部下所驻扎的森波阿拉城邦（Cempoala）。在那里，他迅速击溃纳瓦埃兹——这支敌对势力最后不是归顺了科尔蒂斯，就是成了他的俘房。然而，就在科尔蒂斯亲自率军迎战纳瓦埃兹期间，他的副指挥官佩德罗·德·阿尔瓦拉多（Pedro de Alvarado）在特诺奇蒂特兰点燃了一场起义。当时，特诺奇蒂特兰全城正在举办托什卡托（Tōxcatl）①祭典，西班牙人却在他们的神庙里对皇亲贵胄和战士们实施大规模屠杀，这引起了全城军民的奋起反抗。察觉不妙的西班牙人及残存的特拉斯卡拉部落高筑城墙，坚守不出，而墨西加人②则从外面包围住他们。

尽管蒙特祖马身陷囹圄，但他清楚很快将会有更多的外国大军压境，双方众寡悬殊，如果他的人民负隅顽抗，那么马革裹尸者将不计

---

①　托什卡托是太阳历18个月中第5个月的名字，也是为神祇泰兹卡特里波卡（Tezcatlipoca）举行的祭典的名字，托什卡托有着"干燥之物"的意思，时间上和现今历法的5月几乎没什么区别。

②　墨西加人，即阿兹特克人，墨西哥印第安人。

其数。对于所有纳瓦族领导人来说，无论是首领或皇帝，他们的首要
职责就是保障人民的生命安全，因为只有这样才能延续他们的种族。
因此，马特祖玛向那些正在反抗的墨西加人宣称："我们不是他们的
对手。"正是这句话后来被断章取义，并且随着时间的推移被进一步
曲解，目的是刻画蒙特祖马对整个帝国弃之不顾的形象。但实际上，
反抗战斗从未停止过，蒙特祖马最终也被杀害，而西班牙人则撤军败走。
特诺奇蒂特兰看似得救了，但其实科尔蒂斯只是撤往特拉斯卡拉重整
旗鼓。科尔蒂斯忙着拉拢墨西加人治下的其他地区，一如他当初与特
拉斯卡拉结盟时所使用的手段，他要么许下奖励的承诺，要么威胁那
些不想与西班牙结盟的地区，扬言要杀人屠城。就在科尔蒂斯寻求结
盟期间，天花席卷了整个墨西哥谷和特诺奇蒂特兰，传染源很有可能
是纳瓦埃兹的部下。墨西加人从未经历过这种疾病，毫无招架之力——
很快，天花杀死了无数人。

　　1521 年 5 月，科尔蒂斯已经准备好卷土重来。但天花严重削弱了
墨西加人的力量，损失了 30% 到 50% 的人口。而另一方面，西班牙军
队的力量却因盟友的加入而大幅提升。诚如马修·雷斯托尔所指出，
科尔蒂斯所率军队发生了极大的变化，以至于在特诺奇蒂特兰战役上
演之时，入侵军队中的西班牙人有时连 1% 都不到。这场战役从 5 月持
续到 8 月，不断地经历失败与胜利。从各方面看，墨西加人尚未完全
摆脱天花，食物供应又被切断，还要与新爆发的痢疾做斗争，所以他
们的坚守时间着实很惊人。然而，他们终于筋疲力尽，在 8 月 13 日弃
械投降。特诺奇蒂特兰最终落到科尔蒂斯手中。

　　在接下来数年，科尔蒂斯不断编织神话，夸夸其谈阿兹特克人如
何成了自己的手下败将，在他们心目中自己又是何等所向披靡。但真

相绝不是这回事。科尔蒂斯在这次征战过程中表现平平，可以说，他的成功很大程度上要归功于运气。然而，他的谎言与黑色传说的谬误彼此交织，永远地改变了历史叙事，将真实事件改得面目全非。

亨利八世：把谎言变成法律

随着路德的宗教改革理念不断传播，欧洲的局势才真正开始升温。1524 年，欧洲的德语国家爆发了一系列起义，史称德国农民战争。1525 年，随着暴力冲突白热化，起义军首领公布了他们的要求清单，其中包括多项宗教改革理想，例如选举牧师的权力、采用浅显易懂的方式传教，以及建立限制措施，以防止社区的闲置资金被输送给天主教会。当然了，他们还提出了其他要求，例如废除农奴制、减少强迫劳动，以及归还被贵族夺走的土地。但是，真正引起恐惧和愤怒情绪的，正是他们那些谴责天主教会行为的要求。宗教改革所构成的威胁已经升级到无法控制的地步，就连最底层的农民也高举起自己的旗帜。马丁·路德很快背弃了自己的信念。他发表了《反对杀人越货的农民暴徒书》（*Against the Murderous, Thieving Hordes of Peasants*），将农民起义军比作"魔鬼的化身"，并呼吁立即对他们严惩不贷。这一呼吁得到了巧妙的实施，不仅起义军遭到镇压，连同他们的权力也被剥夺。直至起义结束，被杀害的农民总数预计达 10 万人。然而，这一战输掉的不仅仅是农民起义军，还有宗教改革向前滚进的车轮。路德因为担心被连累而背叛了德国的平民起义军，除了贵族阶级以外，其余人都对他的这种行为不齿。此外，欧洲的权力集团拒不让步，唯恐会爆发其他暴力冲突。宗教改革运动似乎败局已定，但往好了讲，它只是暂时处于偃旗息鼓的状态。直到英格兰接过了宗教改革的衣钵，这才又推动了它的前进。

讽刺的是，英格兰国王亨利八世是一位坚定的天主教徒，曾于1522年公开反对马丁·路德，之后还被教皇授予"信仰捍卫者"的称号。但是，当亨利决定与妻子阿拉贡的凯瑟琳（Catherine of Aragon）离婚时，所有一切都变了。一方面，凯瑟琳始终没能为亨利诞下一位男性继承人；另一方面，亨利迫切希望与凯瑟琳的侍女安妮·博林（Anne Boleyn）团圆，后者已经明确表示，她希望自己是明媒正娶的妻子，而不是见不得光的情妇。1527年，亨利向教皇克莱门特七世（Clement VII）写信表明离婚诉求。但教皇断然拒绝这一诉求，此后双方来回拉锯，直到最后，克莱门特直截了当地告诉亨利，离婚是不可能的事，一旦他再婚，教会必然没有他的容身之处。幸好，亨利的首席大臣托马斯·克伦威尔献上了一个备选方案。虽然克伦威尔并不完全认同马丁·路德的思想理念，但他确实有宗教改革的倾向，也曾拜读过洛伦佐·瓦拉等人的著作；而且他深信，如果基督教要发挥其作用，就必须进行一场超出天主教想象的改革。因此，克伦威尔建议英格兰脱离教会。这样一来，不仅亨利可以逃离自己极力想摆脱的婚姻，英格兰也将从此走向改革。这个计划奏效了——亨利与凯瑟琳的婚姻被宣布无效，他如愿与安妮·博林结婚。1534年，英国议会通过了《至尊法案》（Act of Supremacy），任命亨利八世为英格兰教会的最高元首。

与天主教一刀两断之后，英格兰面临着大量的文件工作。首先，它必须建立全新的规则和法律，以取代教皇昔日通过的规则和法律；

同时它还要将教会法庭此前所审理的犯罪案件转移到国家法庭和民事法庭，以巩固统治权力。这其中有一种被称为"鸡奸"的犯罪行为，指的是同性之间发生性爱或与动物发生性关系。1533 年，英国议会通过《反鸡奸法》（Buggery Act），宣布犯鸡奸罪者将被处以死刑。该法案在下一届议会结束之前保持有效，届时将另行审议。有意思的是，法案起草人托马斯·克伦威尔并不想用这部法案针对同性恋行为，而是想利用它的一处法律漏洞对僧侣和牧师等天主教神职人员判处死刑。施行《反鸡奸法》的主要目的不是针对同性恋者，而是为了削弱天主教会的权力并震慑其神职人员。这部法案在达成目的后便会湮没无闻，一部被遗忘的法律也就没有实际用途了——起码当时是这样计划的。

除了要处理枯燥的文件工作之外，也许与天主教决裂带来的最大问题就是亨利八世本人。他声名狼藉，被认为是一个为达目的不择手段的人。如今，这个专制君主被赋予更多的自主权，而且几乎不用为自己的行为后果承担责任。如果结局能皆大欢喜就好了！

1536 年，亨利对第二任妻子安妮·博林签署了死刑令。亨利已经厌倦了这个曾经不惜一切代价都要迎娶的女人，转而将目光投向新情人。她就是安妮的侍女，简·西摩尔（Jane Seymour）。为了除掉安妮，他罗织了通奸、乱伦和巫术等一系列罪行，最终将其斩首。时间快进到 1540 年，亨利迎娶了第四任妻子克里维斯的安妮（Anne of Cleves）。事态发展一如预料之中，亨利看上了妻子的侍女凯瑟琳·霍华德（Catherine Howard），因此他重施故技，想要赶走克里维斯的安妮。问题是，亨利与安妮的这桩婚姻是托马斯·克伦威尔为了促进英格兰宗教改革而实施的一项战略政治举措。与日耳曼地区克里维斯皇族的联姻能够为亨利带来一个新教盟友，这将有助于抵挡欧洲天主教强国西班牙和法国的攻击，同时有望平息英格兰宗教改革所带来的内部动荡。尽管如此，亨利还是强迫安妮同意解除婚约。

这一切使得克伦威尔的地位岌岌可危。对于被迫迎娶安妮一事，亨利一开始就很不痛快，而且这位妄自尊大的君主认为，英格兰爆发的几次起义事件都表明了克伦威尔的宗教改革之路并不顺利，例如1536 年爆发的求恩朝觐起义（Pilgrimage of Grace）①。利用这一形势，宫廷里那些反对克伦威尔的人开始散布谣言，称其密谋背叛国王。克伦威尔在劫难逃——1540 年 6 月，他被判处死刑。

仅仅将昔日的驾前宠臣判处斩首并不能让亨利八世解气，他还要想尽办法抹黑克伦威尔的名声。为此，亨利打算将克伦威尔以及沃尔特·亨格福德（Walter Hungerford）这位最卑鄙的贵族一起除掉。当时人们都知道，亨格福德囚禁并虐待了自己的妻子伊丽莎白，不仅让她挨饿，据说还试图杀死她。事实上，克伦威尔确实未曾理会过伊丽莎白提出的离婚请求！但和克伦威尔一样，亨利和内阁也没有追究亨格福德对伊丽莎白造成的悲惨处境，而是对他提出了叛国罪的指控，称其曾雇用了一名参与求恩朝觐起义的拥护者。既然对克伦威尔和亨格福德犯下叛国罪的主要指控已经生效，亨利便随意地罗织了另外两项罪名，包括使用巫术和鸡奸。为了羞辱克伦威尔，亨利不惜利用克伦威尔负责起草的法案来对付他，完全不顾法案的成立初衷。

---

① 求恩朝觐起义是英国林肯、约克两郡在1536年爆发的群众起义，因以宗教朝觐为掩护而得名。

> **宗教叛乱**
>
> 求恩朝觐起义是一次危及亨利八世统治权力的重大叛乱。在罗伯特·阿斯克（Robert Aske）的率领下，这次起义旨在抗议国王脱离天主教会以及解散修道院的行为。它甚至一度对都铎王朝的统治造成了威胁。但是，亨利八世向参与者承诺了一项外交协议，平息了这次起义。事实证明，这次谈判就是一个谎言——阿斯克和其他200人被处决，而亨利八世也与罗马决裂。

1540年7月28日，沃尔特·亨格福德成为第一个根据《反鸡奸法》被定罪并处死的人。为了确保处决的顺利执行，英国议会通过了一项修正案，确保1533年法案可以"得到永久的遵守及保持"。有趣的是，该法案在1553年被暂时废止，所谓的永久实际上是非常脆弱的假象。但在1562年，这项法案又被恢复实施，连带恢复的还有亨利八世在1540年添加进法案的响亮措辞。这一次，永久将会是真正的"永久"。

事实的确如此。在1828年《侵犯人身法》（*Offences Against the Person Act*）出台并取代《反鸡奸法》之前，面临指控和被处死刑的英格兰人不计其数。但是《反鸡奸法》从未消失，作为英国殖民统治的一部分，这一法案被嵌入多个国家的法律之中。时至今日，仍有一些地方保留了这一法案。《反鸡奸法》造成了历史上最可怕的连锁反应。

诺查丹玛斯的连篇谎言

一本距今450多年的书籍仍能成为当下的头条新闻，这实属罕见，但不得不说这就是诺查丹玛斯（Nostradamus）的魅力与神秘所在。2020年，全球各地的媒体争相报道，米歇尔·德·诺特达姆（Michel de Nostredame）[①] 在出版于1555年的预言之书《百诗集》（*Les Propheties*）[②] 中预测了新冠肺炎疫情的全球爆发。这早已不是新鲜事：近年来，有人还说诺特达姆（即诺查丹玛斯）预言过"9·11"恐怖袭击事件以及并未发生的2012世界末日。甚至更早期的时候，诺查丹玛斯的预言就已经和伦敦大火（1666年）、哈马丹条约（1727年）以及法国大革命相挂钩。将事件包装为古老的预言，这在今天并非难事——关于2020年新冠肺炎疫情的预言当然不是出自《百诗集》，而是来自某个非常无聊的互联网冲浪者。但是，这正是诺查丹玛斯如此引人入胜的原因。他的预言往往含糊其词，不仅可以指代任何事情，而且任何人都可以模仿。这就是它们能够盛行数世纪的原因，也是它们如此危险的原因。

---

① 诺查丹玛斯的本名。

② 又译作《诸世纪》。

诺查丹玛斯出生于 1503 年，1550 年左右开始了自己的预言生涯。他在法国各地游历数年，之后便定居在一个叫萨隆（Salon-de-Provence）的城镇，位于法国南部的普罗旺斯。在此期间，他主要从事医生这个职业，因擅长治疗鼠疫患者而闻名。这份工作倒也赚钱，但收入也因过分依赖疫情而变得不稳定。为了增加收入，诺查丹玛斯开始涉足其他领域。起初，他会帮助病人开具不同的药方，包括牙齿美白粉、染发剂，甚至还有媚药。在此成功的基础上，他转向占星术，不仅向自己的客户群体提供身体照护之外的治疗，包括心灵服务和未来预测，还为个体进行详细的占星预言。这些占星预言大多数时候会为客户描述一个前景光明的未来，哪怕诺查丹玛斯确实预测到前方道路不甚乐观，他也会经常提醒人们，美好的人生就是既有高峰也有低谷。

1550 年，诺查丹玛斯充分利用了"出版"这一新理念。当时的图书贸易一片欣欣向荣，出版商尤其热衷印刷年历，内容包罗万象，既可以是医生建议，也可以是农作物收割指南。诺查丹玛斯抓紧这一时机，从个人占星预言的业务拓展为宽泛的年度未来预言。除了目前所从事的职业，诺查丹玛斯还认为自己是一个诗人，故此选择用四行诗的形式写下大部分预言。这为他的预言披上了一层神秘的外纱，影影绰绰，让人看不清楚其中所指——这种模糊性语言适用于任何人任何事，读者仁者见仁智者见智，可以进行任何解读。这些年历几乎被抢购一空，很快诺查丹玛斯迎来了一大批粉丝。1555 年，法国王后凯瑟琳·德·美第奇（Catherine de'Medici）也成为诺查丹玛斯的众多粉丝之一。通过法国王后的赞助，诺查丹玛斯开始为她的丈夫国王亨利二世（Henry II）提供预测。同年，诺查丹玛斯出版了一本名叫《百诗集》的预言汇编。但要巩固自己的名声地位，他还需要更多的造势。

1559 年，亨利二世在一场比武中殒命，当时，他的对手加布里埃尔·蒙哥马利（Gabriel Montgomery）的长矛在比武中碎裂，碎片飞溅到亨利二世的眼睛里并穿入他的大脑，最终引发了败血症。亨利二世去世的消息震惊全国，谁都没想到这位年仅 40 岁的国王会死于一场如此离奇的事故。但紧接着，有人想起诺查丹玛斯在 1559 年的年历中写道，"伟人即将陨落"。随后，另一个预言也被大肆宣传："年轻的狮子将战胜年老的狮子，在一场单对单的战斗中，他将刺破金笼中的双目；胜者全胜，而败者将痛苦地死去。"——亨利的眼睛被刺穿时，他就戴着一顶镀金头盔，这只年老的狮子在年轻的狮子面前败下阵来。诺查丹玛斯竟然一早就料到这件事！人们开始狂热地迷恋诺查丹玛斯，仔细剖析他的预言，寻找可能被忽视的警告与征兆。但是，诺查丹玛斯也曾断言亨利二世将会"立于不败之地"，可人们对此视而不见。

瘟疫医生的科普101系列[①]

尽管诺查丹玛斯因擅长治疗瘟疫受害者而闻名，但是他使用的疗法却并非百治百效。例如，他曾使用的放血疗法是最古老的医疗实践之一，可追溯到古埃及和古希腊，同时也是黑死病期间常见的一种治疗方法。的确，放血疗法一直盛传到 19 世纪，但是这种疗法收效甚微，尤其是当病患者已经在与疾病抗争之时，放血疗法只会增加他们的感染和贫血风险，甚至还会意外失血过多！

---

① 101代指基础的、入门的，或无需过多解释的知识，源于西方大学的课程设置。一般某个专业的入门课程都以101作为编号，如经济学101，电子工程101等。

诺查丹玛斯于 1566 年去世，但因为一系列的虚词诡说，他的预言不绝于耳，部分造假十分明显。例如，有些占星家为了提高销量，在自己的作品中贴上"诺查丹玛斯"的名字；有些出版商为了吸引读者，利用所谓新预言来印刷伪造版本的《百诗集》。不久，诺查丹玛斯的一群假亲戚出现了。其中，有一人自称是诺查丹玛斯的儿子，成功地与诺查丹玛斯的出版商达成了出版协议。此外，法国医生兼面粉商人文森特·西弗（Vincent Seve）在 1605 年编造的故事才更加离奇。西弗多少有几分个性，他自称住在废弃采石场的一个隐蔽地窖里，方便自己更好地研究历史和占星术。他宣称，诺查丹玛斯在临终前将自己的侄子亨利叫到床前，并把自己认为最重要且尚未发表的一系列预言遗赠给他。他们把这些用六行诗的格式写就的预测添加到《百诗集》里，作为全新版本在同年出版。有趣的是，这些预言与诺查丹玛斯的其他预言截然不同，它们用六行诗的格式写就，不仅语言表达更加清晰，而且着重颂扬了法国现任国王亨利四世（Henry IV）。你可能已经猜到，这些预言正是西弗自己伪造的，历史上压根没有关于诺查丹玛斯的侄子亨利的记载。

17 世纪末，人们对诺查丹玛斯的兴趣开始减退。毕竟，启蒙时代是关于理性和科学的时代，占卜预测几乎没有立锥之地。但是，这也催生出诺查丹玛斯预言在现代的另一种用途，即在重大危机期间创造或真或假的意义和恐惧。法国大革命期间就出现过一起这样的主要事例，当时，一则特定的预言通过报刊和小册子传播开来："不久之后，一切将会尘埃落定；我们觉察到一个险恶的时代即将来临；标志和印章将会发生极大的变化；几乎没有人会满足于它们的地位。"初时，革命战争双方都利用了这种模糊性语言。它可以指，"革命道路是艰难的，但革命者将会获胜"，也可以指，"革命者最初或许会取得成功，但他们不会笑到最后"。新版《百诗集》一心只想牟利，它所创造的预言把修女和牧师变为这场革命的目标。1790 年，国际媒体将这些伪造的诗句当成事实进行报道。不久，独立个人也跳出来罗织谎言。1792 年，法国媒体报道称，有一个人闯进了诺查丹玛斯的坟墓，找到了更多关于未来数年的预言——尽管诺查丹玛斯已经去世多年，但这位先知的骷髅似乎仍能够预知未来。这一报道在 1794 年得到了进一步的阐述，当时有传言称国民警卫队志愿军也闯入了坟墓，还发现了诺查丹玛斯的一张手写字条，预言法兰西将会走向解放。

在更现代的历史上，人们对诺查丹玛斯的兴趣在第二次世界大战前夕达到了另一个高峰，大量再版和"全新"的诺查丹玛斯预言在国际上印刷传播。在战争期间，《百诗集》的销量激增，而约瑟夫·戈培尔（Joseph Goebbels）① 开始利用编造的诺查丹玛斯预言作为纳粹对盟国的宣传手段。这就是诺查丹玛斯造成的后果——在大规模危机期间，他的名字被有心之人用作拐杖或武器。不管米歇尔·德·诺特达姆的原作是否真实，在经过几个世纪的编排之后，如今人们更加难以分辨他的预言是真是假。

---

① 纳粹德国宣传部长，后任纳粹德国总理。

万历朝鲜战争及一塌糊涂的和平谈判

1536 年,丰臣秀吉(Toyotomi Hideyoshi)出生在一个日本农民家庭。他奋发图强,挑战自我,从普通步兵成长为武士和军事领袖。16 世纪80 年代中期,他领导了一场旨在统一日本的运动,结束了长达一个多世纪的政治分裂。1591 年,他成为日本名副其实的领导人,赢得了"伟大统一者"的称号。但丰臣秀吉的野心并不止于此,或许,他最大的梦想就是征服中国(明朝)——成为亚洲强国,证明新日本的实力。最佳的进攻方式是派遣军队穿过朝鲜,直抵明朝中国的边境。

丰臣秀吉派出使臣前往朝鲜谈判,请求允许日本借道朝鲜。但朝鲜王朝绝无可能答应请求,要知道,它可是明廷的朝贡国。尽管如此,朝鲜王朝的第 14 代君主宣祖(Seonjo)还是派出代表团,试图调查清楚丰臣秀吉的计划,可他们获得的情报并不完全可靠。有些情报称,丰臣秀吉拥有一支庞大的军队,如果朝鲜拒绝他们借道过境,他们将会挥军进攻朝鲜;也有一些情报表明,日本不过是大言相骇,它们绝不会进攻朝鲜。宣祖决定采纳第二个情报,因此国内一如往常,这便铸成了大错。1592 年 4 月,日本军队在釜山登陆并包围了整座城市。短短几周,丰臣秀吉就占领了朝鲜王朝的首都汉城(如今的首尔)。

随着入侵形势越发糟糕，明廷也做好了介入的准备。1593 年中期，明朝和朝鲜军队成功击败日本，由此开始了一场可以称之为绝对闹剧的和平谈判。

可想而知，不同国家的不同意见是这场谈判的最大障碍。明廷和朝鲜只希望丰臣秀吉的军队撤离朝鲜，远离明朝边境——比起不必要的流血牺牲以及代价高昂的战争，谈判是上上之选。但是丰臣秀吉的情况则更为微妙复杂。目前看来，日本根本无法在这场战争中取胜，这不仅因为朝鲜已经从突然袭击中恢复过来，而且他们还有李舜臣（Yi Sun-sin）将军这张王牌，此人的海军战术高明，将日本海军打得节节败退。此外，朝鲜的游击武装切断了日本的补给线。日本军队在海上孤立无援，即将弹尽粮绝，眼看丰臣秀吉就要战败，但他本人并不这样认为。他需要时间重整旗鼓，而和平谈判正好为他争取了时间。在他看来，这场谈判只有两种结果：要么明廷和朝鲜向日本道歉并承认他本人的威力；要么他再次发动战争，等他的军队恢复势力后卷土重来。因此，丰臣秀吉在谈判开始便提出了 7 项要求，其中包括明廷和日本停战，以及明廷向日本开放贸易大门。此外，朝鲜必须郑重承诺永不违抗日本，要派遣一名王子和几位将相作为人质，并允许日本军队继续控制朝鲜的几个省份。丰臣秀吉还说了另外一番豪言壮语，写信宣称自己将会成为"四海"的伟大统治者。

丰臣秀吉的要求和信件自始至终都没有到达明廷。他决定将谈判委托给由小西行长（Konishi Yukinaga）领导的代表团。在临津江之战的第一次战斗中，小西行长曾协助率领军事队伍，因此他对日本的实际惨况并不抱任何幻想。他清楚，如果向明廷呈上丰臣秀吉的要求，他们立马会遭到否决，日本也必然会成为这场侵略战争的败军之将。

因此，小西行长决定以丰臣秀吉的名义伪造一套新要求，另外附上一封假信，表明丰臣秀吉愿意俯首听命于明廷。明廷和朝鲜方面也未识破谎言。他们的谈判基本都是通过沈惟敬进行的，此人不仅清楚小西行长的作假行为，而且似乎还帮忙写了一些。虽然朝鲜对沈惟敬的表里不一并不知情，但却直言此人不值得信任，认为他就是个"大忽悠"。在和平谈判初期，日本袭击了朝鲜晋州市并造成大约 6 万名平民死亡，这进一步加剧朝鲜方面的担忧。但不知何故，和平谈判仍旧在继续。

来来回回的伪造文件和谎言一直持续到 1595 年，各方都认为谈判进入最后的阶段。丰臣秀吉相信，不仅自己的初始要求基本会得到满足，而且明廷也会对他进行册封。当然，明廷方面看到的又是另外一个版本的故事。在呈给明廷的信件和要求中，丰臣秀吉俨然一副后悔莫及的样子，这位领导人只想平息战争，回归和平。这一点从明廷准备的真实册封诏书中便可见一斑：诏书上赫然写着"既悔祸矣"四个字。丰臣秀吉将会从朝鲜撤军，不再要求土地管理权和人质；作为交换，明廷将会册封丰臣秀吉为日本国王，但他不能开展朝贡贸易①，而且要对明廷唯命是从。

---

① 朝贡贸易，亦称随贡贸易、贡舶贸易。宋代以后中国政府准许外国使节在进贡的前提下，随所乘船舶、车马携带商货来中国进行的贸易。

> **不朽的海军上将**
>
> 李舜臣将军常常被视为海军历史上最伟大的人物之一，他的创新发明（如龟甲船①）彻底改变了亚洲的海战。在 1592 年到 1598 年间，他率领的朝鲜舰队与日本进行了 23 次战斗，没有遭受一点损失。

　　1596 年 10 月，丰臣秀吉迎来了参加册封仪式的中国使臣。他穿上御赐的明朝袍服，以盛宴纪念这一刻。丰臣秀吉之所以如此愉快，是因为他看不懂明廷册封诏书上到底写了什么——直到他命人翻译好并大声朗读出来。听清内容后，他勃然大怒，扬言要杀死谈判代表。他被人玩弄于股掌，于是复仇心切的他再次发动了战争。1597 年 8 月，日本士兵和船只再次前往釜山。但这一次，朝鲜不是毫无防备，恰恰相反，他们的军队表现很勇猛。虽然双方军队都发起了猛烈攻击，但是临津江之战的结局却不壮烈。1598 年 9 月，丰臣秀吉去世，这场战争失去了继续的动力。日本撤军返回，战争就此结束。战争让各个国家债台高筑，成千上万人成为亡魂——善意的谎言最终成了弄巧成拙的欺骗，若非如此，这种悲剧原是可以避免的。

---

　　① 龟甲船是1591年，朝鲜全罗左道水军节度使李舜臣将军带领士兵和工匠制造的。船长35米，宽11.8米，高5.2米，左右各有10个橹，桅杆可以竖起或倒下。

三个德米特里王子

当万历朝鲜战争时断时续的时候，俄罗斯也在着力应对 1584 年伊凡雷帝（Ivan the Terrible）① 之死而带来的一系列问题。伊凡是俄罗斯历史上最具争议的统治者之一，于 1530 年在俄罗斯出生。那时的俄罗斯远不是我们今天所熟悉的俄罗斯，仍旧称为莫斯科大公国（Grand Principality of Moscow）或莫斯科夫（Muscovy）。它于 1283 年成立，是蒙古帝国的附属国，领土不过尺寸之地。在伊凡的祖父伊凡三世（1462—1505）及父亲瓦西里三世（1505—1533）的统治下，莫斯科大公国的领地不断扩张。1480 年，伊凡三世战胜大帐汗国（Great Horde）②，真正消灭了蒙古帝国残余势力，重新获得独立。所谓的"俄罗斯土地收集"自此拉开序幕，其本质是兼并周边领土，逐步建立起后来的俄罗斯。伊凡三世幻想莫斯科夫能成为"第三罗马"，一个由绝对统治者主导的大帝国——这便是伊凡雷帝在 1547 年所继承的遗产，当时 17 岁的他被加冕为俄罗斯第一任沙皇。

---

① 伊凡四世·瓦西里耶维奇是俄罗斯历史上第一位沙皇，因为他冷酷多疑、残暴嗜杀，被人称为"雷帝"，意思是恐怖的暴君。

② 是金帐汗国瓦解为三个汗国剩下的部分，由1466年生存至1502年。

伊凡的统治可谓毁誉参半。他在统治初期勉强称得上成功：不仅巩固了独裁统治并进一步扩大俄罗斯领土，还沿用了更严酷的宗教权威。但凡事欲其成功，则必须付出代价——个人为了国家利益不得不牺牲自己的自由和权利。至少对于伊凡个人以及巩固俄罗斯权力而言，这是一场胜利。然而，这一切都在 1558 年走向了分崩离析，当时伊凡将目光投向波罗的海的控制权，发动了利沃尼亚战争（Livonian War）。这场战争蔓延了 25 年，伊万与波兰立陶宛联邦 ①、丹麦－挪威联合王国 ② 和瑞典形成了对抗之势。形势已经如此艰难，但仿佛犹嫌不足；1560 年，伊凡的妻子阿纳斯塔西娅·罗曼诺夫娜（Anastasia Romanovna）遇刺身亡。伊凡将她的死归咎于俄罗斯贵族阶层，亦称波雅尔（boyars）③。他变得盛怒多疑，于是精心策划了一场鲜血淋漓的复仇。1565 年，伊凡建立了特辖区（Oprichnina），俄罗斯被一分为二。这个直辖领地主要包括了全国最富有的地区，不少波雅尔聚居于此。为了维持直截了当的统治，伊凡设立了一支被称为特辖军（Oprichniki）的秘密警察部队，放任他们进行谋杀、酷刑和亵渎。如此种种确实有利于伊凡的复仇计划，却也误伤了俄罗斯的国家利益。利沃尼亚战争已经导致俄罗斯出现了捉襟见肘的窘境，如今还需要将更多的资源投入到维护国家政权上，这让俄罗斯愈发不堪重负。1571 年，克里米亚的鞑靼人（Crimean Tartars）充分利用这一弱点，大举进攻莫斯科并将其夷为平地，不少平

---

① 1569年，波兰和立陶宛合并，组成统一的波兰立陶宛联邦。

② 丹麦帝国（1533—1814）泛指16世纪30年代至19世纪初这一段时间的丹麦，是丹麦的"大国时代"。由于这段时间丹麦与挪威是联盟共主关系，并且是由丹麦主导，所以也叫丹麦－挪威联合王国。

③ 10—17世纪古罗斯和俄国大土地占有者，拥有世袭领地的大封建主阶层。

民被奴役，死伤者无数。

　　伊凡的复仇计划让俄罗斯陷入了困境，只有团结才能拯救这个国家。特辖军的行动被叫停，国家再度将精力投入到战争，但一切为时已晚。1583 年利沃尼亚战争结束，俄罗斯几乎被迫进行和平谈判，这场持续 25 年的战争没有为他们带来一丝好处。一年后，伊凡雷帝去世，俄罗斯难以为继。诚然，早期他在世的时候就扩张了俄罗斯的边界，而且大部分领土也得以保留，但这个国家的人民、经济和士气都已支离破碎。俄罗斯的救赎之路亟需一个强大的继承人。问题是，这个继承人早已不在人世。伊凡雷帝很早就培养长子伊凡·伊万诺维奇（Ivan Ivanovich）为沙皇继承人，但盛怒中的他却在 1581 年杀死了自己的儿子。如此一来，他便只剩下两个儿子——费奥多尔（Feodor）患有智力缺陷，对国家治理完全没有兴趣，而德米特里（Dmitry）还只是个襁褓婴儿。俄罗斯历史上的"大动乱年代（Time of Troubles）"徐徐拉开。

　　费奥多尔继承了皇位，但由于他没有领导能力，他的姐夫和伊凡雷帝的前顾问鲍里斯·戈东诺夫（Boris Godunov）被任命为摄政王，成为俄罗斯的实际统治者。虽然鲍里斯将国家治理得井井有条，但却无法稳定掌控自己的权力。1591 年，费奥多尔依旧没有子嗣，这意味着年幼的德米特里将是唯一正统的皇位继承人。可想而知，这个 8 岁男童成为众矢之的。或者，这就是为什么当德米特里在 1591 年 5 月被割喉而死时，人们首先联想到的就是暗杀。但是官方对此的解释是，德米特里在癫痫发作时不小心用刀割开了自己的喉咙，或是倒地后撞上了一把立着的刀尖，但又有谁会相信这是真的呢？无论如何，俄罗斯最后一个继承人已经死去，鲍里斯完全有机可乘。1598 年，费奥多尔去世，鲍里斯登上沙皇之位。

领导者戈东诺夫

> 毋庸置疑，鲍里斯·戈东诺夫下令杀死了年仅 8 岁的费奥多尔。然而，作为一个统治者，鲍里斯并非一塌糊涂，其实他的统治还算颇有成效，只不过是没有碰上好运气，而且无法做到大权在握。事实上，他可以说是首个与其他欧洲国家建立密切联系的沙皇，他表示，"所有国家对他都有同样的吸引力，他希望与所有人和睦相处"——当然，除非你就是德米特里。

事实证明，鲍里斯确实不得人心。1601 年，俄罗斯发生了大面积饥荒，连续 3 年颗粒无收，导致 200 多万人死亡，而这些天灾都被归咎于鲍里斯。仿佛这些还不够让新沙皇焦头烂额，1604 年，更让人意想不到的事情接踵而来——德米特里回归了。至少传闻说回归之人是德米特里。这个如今被我们称为伪德米特里一世（False Dmitry I）的年轻人声称自己逃过了暗杀行动，留下一个与他神似的人作为替死鬼。如今他回来了，他要夺回属于自己的皇位。伪德米特里一世并非在大放厥词，危言耸听，他的确有波兰立陶宛联邦在背后为他撑腰。波兰立陶宛联邦清楚伪德米特里是一个冒牌货，但他们希望借由他推翻鲍里斯，并获得俄罗斯的一部分权力。1605 年 3 月，伪德米特里一世进军俄罗斯，准备为皇位而战，但此举毫无必要。同年 4 月底，鲍里斯就因为中风暴死，其年仅十几岁的儿子费奥多尔二世（Feodor II）继位新沙皇。但在位没多久，费奥多尔二世便遭谋杀，同年 6 月底，伪德米特里登上沙皇之位。

事实上，伪德米特里的统治可谓旗开得胜。他获得了人民和波雅尔的支持，虽然这些人一开始认为他是骗子，但最后却愿意为他的信誉担保。德米特里不仅出台新政，改善了俄罗斯农民的生活；他还建立了联盟，向奥斯曼帝国发起战争，继续未竟的俄罗斯土地收集传统。但是好景不长。1606 年 5 月 8 日，德米特里与玛丽娜·姆尼泽克（Marina Mniszech）结婚，此人是一名天主教徒，曾明确表示自己不会皈依东正教 ①。正因为如此，她激怒了强大的俄国国教 ②，从而导致波雅尔开始针对德米特里——他们（再次）宣称德米特里是冒牌货。不到 10 天，即 5 月 17 日，德米特里被谋杀；5 月 19 日，波雅尔首领瓦西里·舒伊斯基（Vasili Shuisky）成为新沙皇。

但德米特里进行曲还没有进入终章。1607 年，另一个伪德米特里二世（False Dmitry II）出现了。不知怎么的，他在谋杀行动中活下来了。尽管长得不像伪德米特里一世，但玛丽娜·姆尼泽克正式承认他是自己的丈夫。波兰立陶宛联邦再次表示支持；截至 1608 年，伪德米特里二世便拥有了一支多达数万人的强大军队，其中包括一批从瓦西里那边倒戈过来的农民和若干波雅尔。可惜这个冒牌货没能加冕称沙皇。波兰立陶宛联邦认为，如此动荡的局面已经足以让他们直接宣战了，于是，国王齐格蒙特三世（King Sigismund III）在 1609 年发动了战争。伪德米特里二世的波兰军队被调遣到战场，尽管他仍拼命要坚持自己的沙皇梦，但他终究在 1610 年的一次醉酒打斗中被杀。

战火依旧绵延。1610 年，波兰军队进驻莫斯科，沙皇瓦西里被废

---

① 基于正统派神学与东方礼拜仪式制度的基督教三大流派之一，也是强调自身正统性的宗徒继承教会。

② 即俄罗斯东正教。

黜。1611 年，伪德米特里三世（False Dmitry III）出现了，但这一次，没有人相信他第三次奇迹般生还的神话。尽管他获得了部分叛军的支持，但没过多久便落得众叛亲离、命丧黄泉的下场。直到 1612 年的莫斯科保卫战（Battle of Moscow），俄罗斯才重新站稳脚跟，重新选出一位新沙皇——迈克尔·罗曼诺夫（Michael Romanov）。这标志着俄罗斯大动乱年代的结束，罗曼诺夫统治年代的开始。但德米特里进行曲仍未完待续。玛丽娜·姆尼泽克没有落得伪德米特里二世那样的下场，她站出来声称 4 岁的儿子伊凡·德米特里耶维奇（Ivan Dmitriyevich）才是俄罗斯真正的沙皇。这一举动简直让人匪夷所思，几乎无人拥护。不过迈克尔已然意识到，只要伪德米特里一日不灭，自己执掌的政权就会一直遭受致命的威胁。玛丽娜及其子随即被捕，她本人死在监狱里，而伊凡·德米特里耶维奇则被下令公开处决，以儆效尤。迈克尔迅速且残暴地终结了这个冒名顶替的家系。

毒药事件

　　17 世纪 70 年代末，一种前所未见的狂热情绪席卷整个法国，各种流言此起彼伏，包括秘密地下投毒团伙，邪恶的黑弥撒，甚至还有利用媚药获取权力的故事。随着恐惧的蔓延，最高阶层——路易十四（Louis XIV）的宫廷也引发了一场猎巫运动。与其他由宗教或社会危机引发的猎巫运动不同，这场猎巫运动之所以如此特别，是因为它似乎源于一种新式的痴迷——真实犯罪。布林维尔侯爵夫人（Marquise de Brinvilliers）是一名优雅的贵族女子，她的犯罪行为在 1673 年被揭露。原来在过去近 10 年的时间里，她一直在有计划地谋害自己的家人，通过连续数周乃至数月的投毒，直至将其父亲和两个兄弟送上黄泉路。起初，人们还以为他们是染上了某种不知名的大病。因为一己贪欲，侯爵夫人起了杀心，她希望兑现自己的遗产并与情人再续前缘，无疑这位情人曾经遭到父亲和兄弟们的极力反对。事实上，直到 1672 年侯爵夫人的情人去世，且家里被债务人洗劫一空时，人们才第一次发现了侯爵夫人的犯罪证据。侯爵夫人仓皇逃走，但最终还是被抓获，并于 1676 年接受审判和处决。

　　侯爵夫人谋杀案的故事不仅仅是一则骇人八卦，更是一桩臭名昭著的丑闻。如果布林维尔侯爵夫人都能犯下如此令人发指的罪行，那么还有谁不可以？于是，众人的狂暴情绪不可抑止。不断蔓延的恐慌让一些人看到了快速致富的机会，其中包括马格德莱娜·拉格兰奇（Magdelaine de La Grange）。她是巴黎最著名的占卜师之一，擅长用占卜的方式来判断客户是否中毒（为此，她还可以提供一种昂贵的解毒剂）。为了窃取老律师让·福耶尔（Jean Fauyre）的遗产，马格德莱娜伪造了两人的结婚证明，而且没过多久福耶尔便疑似中毒身亡。1677年，马格德莱娜被捕入狱。为了免受牢狱之灾，她声称自己掌握了潜在的国家重大罪行。法国战争部长卢福瓦侯爵（Marquis de Louvois）应召对此进行核实。根据马格德莱娜的举报，福耶尔的确是被人投毒，但这个人不是她，而是另有其人——此人秘密谋划了一场暗杀国王和王子的行动，谁知却殃及无辜的福耶尔。她还发誓，虽然自己目前没有掌握更多的信息，但如果自己可以离开监狱，她将可以利用通灵能力做进一步了解。卢福瓦并没有上钩，然而新的证据却在1677年浮出水面。当时，一名炼金术士及其男仆因伪造罪被捕，其后，男仆告诉狱卒，自己愿意用一个与国王有关的阴谋情报来换取赦免。通过这件事，再结合马格德莱娜此前为争取自由而提出的交换，卢福瓦的脑海里浮想联翩，深信自己遇到了一些非同寻常的事情——巴黎的投毒团伙。

这个所谓的阴谋似乎瞄准了国王路易十四，因此参与者必须抓捕归案，但除了马格德莱娜和炼金术士之外，卢福瓦一筹莫展。直到1679年1月，玛丽·博斯（Marie Bosse）和玛丽·维格鲁（Marie Vigoreux）这两名占卜师被捕，据称有人无意中听到她们在吹嘘自己投毒成功的事情。博斯的住宅被搜查出藏有砒霜和其他毒药，尽管这些东西常见于家庭清洁和病虫害治理，但考虑到上流人士普拉隆夫人

（Madame de Poulaillon）是这两名女性占卜师的客户，而普拉隆夫人近期又因涉嫌毒害亲夫而被转移到一所修道院，人们的恐慌情绪一触即发。卢福瓦似乎终于找到了投毒团队。他认为贵族女性串通了巴黎的占卜师，对自己的丈夫和宿敌狠下毒手。

截至当年3月，案件已经堆积如山，因此路易十四批准成立特别委员会，专门负责相关调查。与此同时，马格德莱娜·拉格兰奇在1679年2月被处决，这时候，那些近期被判入狱的占卜师才逐渐意识到自己的处境有多岌岌可危。为了自证清白，他们开始把矛头指向其他人，而这种指责往往被归咎于最臭名昭著、知名度最高的凯瑟琳·蒙瓦然（Catherine Montvoisin），简称拉瓦然（La Voisin），其客户包括了法国贵族中的精英。关于投毒的指控逐步升级，从简单的酒中下毒，发展为有毒的花束和衣服，最后一脚踩进了巫术、黑弥撒和恶魔力量的疯狂中。为了自由，囚犯们什么都愿意说；但对许多人来说，这种推卸责任的行为只是徒劳一场。为了逼出更多的秘密，审讯者不再满足于普通刑讯，转而对这些人进行严刑拷打，结果却导致了更多的虚假供词和指控。

或许，正是这样充满恐惧的环境让拉瓦然终于提出自己的指控，供认向她购买毒药的客户名单，其中最不光彩的关联名字就是弗朗索瓦·德鲁（Françoise de Dreux），此人的家族成员遍布整个皇室宫廷。拉瓦然是迄今为止最相关的嫌疑人，正因如此，委员会寄希望于她能化解国王的危险处境。所以当博斯、维格鲁和其他几个占卜师被处决或死于严刑拷打之下时，她仍得以幸免。通过拉瓦然和其他新嫌疑人的共同指认，皇室宫廷一些最著名的主要人物被指控了各种罪行，包括谋杀和召唤魔鬼等。但没多久便可清楚地看出，拉瓦然已经没有名字可供认了，她的信息很快就沦为平淡无奇的花边信息，比如，有一次她希望亲自向国王递交请愿书。1680 年 2 月，没有任何利用价值的拉瓦然随即被处死。但是，她的死并没有马上改变皇家宫廷中弥漫的狂热情绪——唯一能平息这种情绪的办法就是，揪出马格德莱娜·拉格兰奇所指控的威胁国王安全的人。

审讯者将目光投向了一个非同寻常的当事人——国王的情妇蒙特斯潘侯爵夫人（Marquise de Montespan）。当她的几名副手在调查中供认后，她就已经被盯上了。然而，指控国王的情妇和他孩子的母亲是一件冒险的事，需要更有分量的证据——他们需要收集新的指控，为此，审讯者势必会为达目的不择手段。所以，他们竟然找到了拉瓦然的女儿。

玛格丽特·蒙瓦然（Marguerite Montvoisin）在她的母亲去世前不久就被逮捕了，理由很简单，她和拉瓦然存在血亲关系。玛格丽特过着悲惨的牢狱生活，曾多次企图自杀，直到 1680 年夏天，她已经神志不清，极易受影响。在审讯时，她总是鹦鹉学舌似的开心重复着审讯者的问题，或者用谎言填补他们未知的空白。玛格丽特声称，她母亲提到的请愿书其实被下毒了，是精心策划谋杀国王的一个环节，自此调查取得有利进展。在这次令人震惊的供认后，玛格丽特又接二连三地接受审讯。尽管她的证词常常自相矛盾，但审讯者仍然据此强行拼凑出整个事件——为了获得国王的宠幸，蒙特斯潘夫人多年来一直在串通拉瓦然，对国王使用媚药、咒语和黑弥撒等手段。但是，当国王开始流连于方当诗女公爵（Duchess of Fontanges）时，蒙特斯潘便开始密谋杀死这二人。她着令拉瓦然先向国王呈上有毒的请愿书，不久之后再向方当诗献上一块有毒的布料。

当调查报告呈交给路易十四时，他仍旧举棋不定。尽管摆在国王面前的种种证据皆言之凿凿，但他对蒙特斯潘还有感情，所以他要求审讯人员进一步挖掘。问题是，越使用严刑逼供的方法，囚犯的指控就越疯狂，很快这些案件就和活人献祭扯上了关系。但比这更重要的是，一度笼罩皇室宫廷的狂热情绪已经趋于平息。除了国王和审讯者之外，没有人知道针对蒙特斯潘的指控，而且距离上次逮捕风波已经过去好几个月——在宫廷看来，一切早已尘埃落定。如果路易十四要处决蒙特斯潘，除了向世人表明邪恶的巫术、献祭和谋杀是皇室宫廷的家常便饭之外，他将会开启更深的恶性循环。他的顾问们指出，这些说法大部分都是被迫和绝望的忏悔，几乎没有证据或根据。狂热情绪已经平息下来，何苦再度重启？

英格兰亨丽埃塔的离奇死亡

路易十四的宫廷之所以如此执着调查投毒丑闻，绝大部分原因是国王的嫂子亨丽埃塔·安妮（Henrietta Anne）的死亡。1670 年，安妮突发急病死亡。当时谣言四起，但人们普遍相信她是被毒死的。毕竟，如果世上没有安全的地方，那么权力和野心的殿堂将会是最致命的地方。

路易十四决定暂缓做出决定。直到 1681 年 3 月，方当诗女公爵离开了法国宫廷。数月来，她一直怪病缠身，医生说她将不久于人世。毫无意外，关于她中毒的谣言很快就传开了。或许是考虑到这一点，路易十四着令委员会继续调查，但对蒙特斯潘侯爵夫人却只字未提。针对在监者的审判在同年 7 月开始，囚犯被分为两类：一类是无须提及蒙特斯潘便可直接指控的，一类是无法绕过蒙特斯潘的。前者的大多数人都被判处决或流放，通过一场血腥的表演来证明最后元凶已经归案；后者则被判处终身监禁，包括蒙特斯潘本人，以确保整个事件不会被透露出去。1682 年，路易十四下令终止委员会的调查，自此，一度闹得人心惶惶的致命谎言终于成为历史的注脚。

玛丽·托夫特：一个产下兔子的女人

　　1726 年 10 月 10 日，英国报纸纷纷报道了一则非同寻常的故事：一位名叫玛丽·托夫特（Mary Toft）的年轻妇女刚刚产下一只兔子。这当然是子虚乌有的事。整个故事纯粹是个骗局，甚至连拼凑出来的细节都漏洞百出，完全经不起任何仔细推敲，到当年 12 月底事件便水落石出。如今看来，这倒像是一桩被人们抛诸脑后的闹剧，但实际上玛丽和她产下的兔子意义非凡，甚至改变了医学发展的道路。

　　玛丽出生于 1703 年，17 岁便与约书亚·托夫特（Joshua Toft）结为夫妻。夫妇俩生活在戈德尔明（Godalming）小镇，经常上顿不接下顿。约书亚是一名羊毛布料贸易商，由于行业不景气，他的工作也连带遭受了打击。玛丽是一名农务临时工，她和丈夫二人的微薄收入仅够他们勉强度日。玛丽为什么从一名农务临时工变为产下兔子的女人，如今我们已不得而知。在当时以及在此后数世纪里，人们猜测她是为了赚快钱，尽管玛丽并非这个骗局的既得利益者。近年来，历史学家凯伦·哈维（Karen Harvey）重新审视了这一事件，认为这场骗局并非关于玛丽想要寻找不义之财，而在于她对所处环境的反应。

　　早在这场骗局上演之前，兔子其实就是玛丽生活里的一个显著要素。戈德尔明镇受各级政府的监管，贫穷阶层的日常生活更是在层层控制下，包括租金，处罚手段，甚至还有玛丽之辈的生育率。地主家庭常以兔子、鹿和鱼等动物为食，因此它们也成了地主家庭的象征。地主的首要任务就是限制此类丰富的食物来源落入穷人之手。另外一个特别的问题就是，兔子常常蹿到穷人家赖以生存的田地里，吃掉庄稼和家畜的粮食。穷人围绕这类事件的抗议屡见不鲜。实际上，约书亚在 1726 年就加入了一场大规模的非法擅闯活动，在违禁鱼塘上捕鱼，并因此触犯了法律。与此同时，玛丽不幸流产了。她曾诞下过两个孩子，但只有一个活过婴儿期——此事引起了戈德尔明镇上层人士的注意。这次流产的症状持续了数周，但是玛丽还是要继续下地干活，别无他法。据她后来回忆，有一次她看见一只兔子跑进田地，便二话不说追了上去，只想抓住它饱食一餐。她说，自此以后兔子就一直在她的脑海里挥之不去。在流产后的数周里，玛丽似乎仍出现妊娠反应，而当代的历史学家认为，社区正是利用这一点炮制出玛丽产下兔子的故事，作为另一场针对地主家庭的抗议，而且不单是针对他们限制偷猎的举措，还针对他们对女性生育的控制。

被误诊的孕妇

约瑟夫·梅里克（Joseph Merrick）可以说是与"母性印记"有着千丝万缕的关系的最著名人物，他出生于 1862 年，是众所周知的"象人"。其母声称在怀孕期间被一头大象吓到了，从而导致了他的身体畸形。现在科学已经澄清了这一说法，但梅里克的病因至今不详，但也有人假设这是变形杆菌综合征和神经纤维瘤的综合作用。

　　不管骗局背后的真实原因是什么，在 1726 年 10 月，女人生下兔子的消息已经传遍全国。当年 11 月，国王乔治一世（George I）派出宫廷解剖学家纳撒尼尔·圣安德烈（Nathaniel St André）前往调查这一现象。好巧不巧，当圣安德烈前往玛丽住处时，她正在"分娩"第 15 只兔子。这位解剖学家难以相信自己看到的一切，立即下令将玛丽送往伦敦，让当时最伟大的科学家们研究这一神奇的分娩。人们认为玛丽正好契合了当时医学界流行的新兴理论——母性印记，这是指母亲怀孕期间的经历会影响自己生下的孩子。1724 年，苏格兰医生约翰·莫布雷（John Maubray）在他的著作《女医生》（*Female Physician*）中详细描述了这一理论。他认为，女性的想象力颇有排山倒海之势，因此，如果一位母亲怀孕期间很想吃贻贝，她可能会生下一个外貌像贝类的孩子；如果她情绪抑郁或者遭受创伤，她很可能诞下畸形的孩子；甚至是，一颗掉落在怀孕女性身上的樱桃也会形成小孩的胎记。由于玛丽·托夫特一心只想着兔子，所以她最终分娩出兔子。

　　莫布雷给玛丽做了检查后，认为自己的诊断是充分正确的。而在见到玛丽一个月后，纳撒尼尔·圣安德烈也发表了一篇与其分娩相关的论文并从中渔利。但他们的成功终究是昙花一现。玛丽居住在伦敦期间，门房曾看到她偷偷将兔子带进房间。玛丽对此矢口否认，但当她获悉只有接受手术才能澄清事实时，她放声大哭并承认整件事都是骗局。英国媒体就此事大做文章，让玛丽以及那些相信她的医生名誉扫地。玛丽被处以公开拘留，只要支付一小笔钱，人们就可以在她游街示众时对她奚落一把。获释后，玛丽回到家乡并生下一个健康的女婴，平静度过了余生。

　　此事在医学界引起的风波仍在发酵。由于医学界对这件不可思议的事情信以为真，他们成了公众的笑柄，并造成了普遍的不信任。但讽刺的是，"母性印记"的理论依旧存在。一些医生会在论文里引用玛丽·托夫特的传奇故事来驳斥这一理论，但这反而让这一理论更加扑朔迷离。随后数年，媒体也报道了几起相似度极高的案例，例如，一名妇女在怀孕期间十分想吃蛋糕，最后产下了一个酷似黑加仑蛋糕（诸如此类）的孩子；还有另外一名妇女生下了一个和青蛙很像的孩子。直至 19 世纪 90 年代，《英国医学杂志》（*British Medical Journal*）仍在报道这种"畸形"分娩。玛丽·托夫特的骗局或许很快就水落石出，但她无意中推动的怪诞理论却在几十年后才被推翻。

米尔·贾法尔的谎言

　　有民间传闻，印度沦为英国殖民地全拜某个人的谎言所赐。1757年，普拉西战役（Battle of Plassey）爆发，历来受人敬仰的米尔·贾法尔·阿里·汗（Mir Jafar Ali Khan）将军却出卖了自己的领袖和人民，亲手将孟加拉的控制权交给英国东印度公司，带来了长达几个世纪的残酷殖民统治。然而这并不完全真实。毕竟，历史的面貌总是十分复杂多样。确切地说，这桩关于米尔·贾法尔的逸闻本身就是谎言，掩盖了这一出卖行为的本质，且只字不提其幕后参与者。但是如果我们要了解真相，就得先了解英国东印度公司是如何一步步蚕食并统治印度的：起初它几乎乞求般地与印度建立贸易关系，但最终却跃为全球超级强权。

　　1600年12月31日，英国女王伊丽莎白一世向新创立的东印度公司授予皇家特许状。香料、丝绸和宝石等异域商品的贸易在当时属于风口大商机，这一纸特许状不仅赋予东印度公司在英国贸易上的垄断权，还授予它以女王和国家之名自主占领地盘、组建军队的权力。对于一心想与印度建立贸易关系的英国东印度公司而言，后一种权力起初看似作用不大。彼时，印度次大陆的大部分领土都处在莫卧儿帝国的统治之下，它们繁荣富强，是全球数一数二的厚利市场。欧洲商人惯于在印度掠夺土地并强迫当地人信奉基督教，这种卑鄙行径让莫卧儿人深恶痛绝，所以这些欧洲商人从来无法真正打入印度市场。拥有大约400万兵力的莫卧儿人可以轻松粉碎任何行径卑劣的商人组织。有了这些前车之鉴，英国东印度公司打出糖衣炮弹，开始不断地巴结莫卧儿帝国的第四代皇帝贾汉吉尔（Jahangir）。贾汀吉尔享尽奢华、堆金积玉，普通的礼物自然无法打动他，因此英国东印度公司派出皇家特使，专向皇帝讲述啤酒、伦敦雾等一系列英国奇闻逸事，极尽阿谀取容。这些稀奇花招果然将贾汀吉尔逗得晕头转向，将贸易权授予给英国东印度公司。很快，英国东印度公司取得了蓬勃发展，在莫卧儿帝国各地大肆扩张。

然而，两方维持的和谐关系仅仅浮于表面。英国东印度公司表面上言听计从，背地里却步步为营。17世纪80年代，莫卧儿帝国遭到马拉塔联盟①的攻击，此时英国东印度公司嗅到其雇主的衰弱气息，便试图夺取控制权。1686年，急于求成的英国东印度公司被骄傲冲昏头脑，在未经思虑营谋的情况下，竟然派出19艘战舰和600名士兵去对抗莫卧儿帝国。这场较量随即被镇压，英国东印度公司的贸易也被关闭。这个事件应该只是历史的一个小插曲。毕竟，英国东印度公司的新贵商人只用了4年的负荆请罪，就获得莫卧儿人的原谅。但是，就在英国东印度公司的贸易被关闭之后，他们也发现了其他可以用于重建被毁工厂的土地，其中就有加尔各答，它当时仍是位于孟加拉的一片空旷之地。

---

①　马拉塔帝国（又名马拉塔联盟）是印度次大陆上的一个近代帝国，也是印度历史上最后一个真正的印度教帝国。起始于1674年，终结于1818年，其鼎盛时期的疆域曾覆盖整个印度北部。

18 世纪初，曾经盛极一时的莫卧儿帝国明显正走向分崩离析。第六代皇帝奥朗则布（Aurangzeb）的统治极大地削弱了这个国家。作为虔诚的穆斯林教徒，奥朗则布一边惩罚压榨印度教徒，一边加强伊斯兰教的宗教地位，导致国内宗教矛盾激化。再加之多次的军事失败，莫卧儿帝国越发衰败，摇摇欲坠。1707 年，奥朗则布去世，此后整个帝国四分五裂，人心涣散，群龙无首。这对英国东印度公司而言简直是天大的好消息，意味着他们可以为所欲为。为了争夺印度的富庶地带，英国东印度公司频频对战法国及其商人组织，且经常占据上风。在这期间，加尔各答已发展为繁荣的商业枢纽。到了 18 世纪 50 年代，英国东印度公司近 2/3 的亚洲出口都要通过这座港口城市。加尔各答的繁荣与孟加拉大部分地区的步履维艰形成了天渊之别，这些地区在 1741 年至 1751 年的 10 年间一直饱受马拉地人的入侵。当战争难民涌入加尔各答时，英国东印度公司置身事外，继续自己未竟的事业，不仅拒绝纳税，还盘算着挑起孟加拉与法国及其商人组织的争端。身为统治者和孟加拉省纳瓦布（Nawab of Bengal）①的阿利瓦迪·汗（Alivardi Khan）并没有让英国东印度公司如愿。为了避免流血事件，阿利瓦迪派出特使去当说客，希望达成外交谅解，但是英国东印度公司对此却一笑置之。1756 年 4 月阿利瓦迪去世后，他的外孙西拉杰·乌德 - 道拉（Siraj ud-Daulah）继位并决心采取行动。同年 5 月底，他带领数千人围攻了英国东印度公司位于卡迪姆扎尔的工厂。当英国东印度公司仍拒绝让步时，西拉杰率 7 万大军向加尔各答进军。

6 月 16 日，身为战役将领的米尔·贾法尔一马当先，率军兵临城

---

① 纳瓦布是印度莫卧儿帝国时代副王和各省总督的称谓。

下。当天，他们成功穿过了加尔各答。6 月 19 日，英国东印度公司失去控制，负责人逃之夭夭，留下剩余的工人听天由命。失去加尔各答的英国东印度公司功亏一篑，不仅工厂被洗劫一空，工人死亡数百人，公司的股价更是一落千丈。经过几轮义愤填膺的董事会后，英国东印度公司决定予以反击，不仅要夺回加尔各答，还要拿下孟加拉，以此弥补其业务损失。罗伯特·克莱夫（Robert Clive）是对英国东印度公司忠心耿耿的"公司人"①，他带领并组建了一支力量庞大的军队，规模远胜西拉杰所率的 7 万大军。1757 年 1 月 2 日，虽然英国东印度公司夺回了加尔各答，但双方均损失惨重。此时克莱夫仍肩负着拿下孟加拉的任务，于是，这名效忠者向西拉杰·乌德 - 道拉宣战。尽管英国东印度公司的兵力削弱不少，但西拉杰却出人意料地打起了退堂鼓，在一次夜袭中弃甲逃离。同年 2 月，双方签署了一项和平条约，基本上赋予了英国东印度公司随心所欲的权力。但还没等条约上的墨水干透，又发生了一桩突如其来的事——英法双方宣战了。拿下一寸土地，就获得一寸胜利。因此克莱夫再次走马上任，带领疲惫的军队去争夺法国在印度的贸易土地。

与此同时，西拉杰·乌德 - 道拉周围的人都在伺机而动，想要赶他下台。米尔·贾法尔和士兵们憎恶西拉杰迅速缴械投降的决定，而孟加拉的世界银行家贾格特·塞特家族（Jaget Seth）②则恼怒西拉杰榨干孟加拉血汗的行为。双方都在等待西拉杰宣布打破条约，向法国提供援助并一劳永逸地赶走英国东印度公司。可他没有采取任何行动，

---

①　原文company man，是指把对公司的忠诚放到私人意见或私人友谊之上的员工。

②　贾格特·塞特在印地语里直译为"世界巨贾""世界银行家"，是莫卧儿王朝穆罕默德·沙哈大帝于1723年赐予孟加拉首富法塔·金德的称号。

结果英国大获全胜，进一步扩张了孟加拉大陆的领土。西拉杰非下台不可。然而，密谋铲除西拉杰的计划连连碰壁，最后密谋者也变得灰心绝望——也许，敌人的敌人就是朋友。1757 年 5 月，获悉密谋计划的英国东印度公司召开秘密会议，同意助力铲除西拉杰——但这个忙不是白帮的。作为出兵的回报，他们要求孟加拉支付相当于其一年收入的报酬。密谋者同意了。

　　计划是这样的：罗伯特·克莱夫将会指责西拉杰违反双方签订的条约，为英国东印度公司的部队发动袭击制造理由。西拉杰死后，米尔·贾法尔将会出任下一届领导人，毕竟军人的威信要高于银行家。米尔·贾法尔的首要任务是确保西拉杰在两军交火时处于战线的前方和中心。但米尔·贾法尔并没有按计划行事。6 月中旬，当克莱夫向西拉杰盘踞的普拉西进军时，他不停写信向米尔·贾法尔了解最新情况，却没有收到任何回信。6 月 18 日，本应和英国东印度公司的部队会合的米尔·贾法尔始终没有露面。克莱夫不断催促这位将军，唯一得到的回信是，为免被怀疑，他选择留在西拉杰的身边，此后又没有任何回音。6 月 21 日，懊恼的克莱夫召开军事会议，讨论是否继续推进计划。会议上传来了米尔·贾法尔说自己仍准备发动袭击的消息，但随即他又一次销声匿迹。6 月 23 日，米尔·贾法尔不见踪影，克莱夫终于决定结束这场闹剧，开始战斗——普拉西战役拉开了序幕。在大炮的轰鸣下，这位将军终于现身撤回了自己的军队，帮助英国东印度公司取得了胜利。西拉杰战败逃亡，但几天后就落网被杀。

　　尽管米尔·贾法尔似乎在最后一刻有所保留，但这一出卖行为的确奏效了。7 月，他被宣布出任孟加拉纳瓦布，银行家们则开始偿还东印度公司的债务。可没过多久，这群所谓的"背信弃义者"也被套路了。

英国东印度公司其实为自己买了一场革命，并因此拿捏了所有参与者的命脉。他们从商人转变为傀儡统治者背后的真正力量。孟加拉人果然不喜欢米尔·贾法尔。人们认为这位前将军杀死了自己的领袖，与敌人沆瀣一气，还在叛变过程中严重破坏经济，更不用说他如今还沉迷于鸦片。不管怎样，米尔·贾法尔一败涂地的领导能力依旧是英国东印度公司取得的另一胜利，他们可以借此进一步敲诈孟加拉。密谋者的计划非但没有拯救孟加拉于水火，反而将其推入万丈深渊。1759年，米尔·贾法尔和贾格特·塞特无不绞尽脑汁，想方设法摆脱英国东印度公司。

黑牢

"西拉杰·乌德－道拉进军加尔各答时可谓恶名远扬，最声名狼藉的事件非"加尔各答黑牢（Black Hole of Calcutta）"莫属。1756年6月20日，约146名被俘虏的英国人被囚禁在一个长18英尺、宽14英尺10英寸的牢房里，致使一夜之间竟有123人因窒息、挤压或中暑而死。

他们首先想到了荷兰东印度公司，并承诺如果它能将英国东印度公司赶走，那么孟加拉的贸易权就归其所有。然而，荷兰东印度公司在钦苏拉战役（Battle of Chinsurah）中战败，从而导致米尔·贾法尔被废除，取而代之的是新任傀儡统治者米尔·卡西姆（Mir Qasim）①。但

---

① 米尔·贾法尔的女婿。

还有另外一个指望：莫卧儿皇帝沙·阿拉姆二世（Shah Alam II）仍活着，尽管他的帝国濒临崩溃，他仍拥有一些支持者。1759 年，印度北部最后一批法国军队发誓跟随沙·阿拉姆，赶走英国东印度公司。米尔·卡西姆也因为英国东印度公司再次拒绝纳税而与之敌对。战役、小规模战争和围攻相继爆发，更讽刺的是，英国东印度公司重新启用更容易控制且吸毒成瘾的米尔·贾法尔，废除了米尔·卡西姆。1764 年的布克萨战役（Battle of Buxar）让一切达到了白热化。这是一场极其暴烈而短暂的战役，最终以英国东印度公司取胜而告终。可以说，这场胜利是英国对印度建立殖民统治的最大转折点。莫卧儿王朝最后的残存势力被彻底瓦解，英国东印度公司获得了孟加拉的管理权和税收权，成为名副其实的统治者。1765 年，米尔·贾法尔去世，罗伯特·克莱夫将这个消息告知公司董事，他在信中写道："毫不夸张地说，整个帝国都掌握在我们手里。"此言不虚。

为自由而战的约瑟夫·奈特

　　到 18 世纪末，牙买加已经是大英帝国对外扩张贸易的重要部分之一。1655 年，英国军队首次征服这个加勒比海岛屿，1707 年，它被宣布为英国殖民地。殖民地主人将这片土地建设为甘蔗种植中心，并利用黑奴贸易获得了成功。从 1655 年到 1809 年黑奴贸易结束，预计约 60 万人从非洲运到牙买加充作奴隶。在这些奴隶中，有一名年仅 13 岁的男孩。1765 年初，他被人从家中绑架带走，和其余 290 人一起被囚禁在凤凰号奴隶船上，从此与家人分离。同年 4 月，凤凰号在牙买加蒙特哥湾登陆，开始贩卖船上的人。船长约翰·奈特（John Knight）将这个男孩带走，私下将他卖给苏格兰种植园主约翰·韦德伯恩爵士（Sir John Wedderburn）。韦德伯恩给这个少年起了一个新名字——约瑟夫·奈特（Joseph Knight）。少年的新姓氏是为了向绑架者奈特船长致敬。

　　韦德伯恩来到牙买加，不仅仅为了发家致富，还为了逃命。他的父亲是第五任黑衣准男爵（5th Baronet of Blackness）①，在詹姆斯二世

---

① 　准男爵（Baronet）是英国最低的世袭爵位。

党人（Jacobite）①起义后因叛国罪被处决。为了避免同样的命运，韦德伯恩于 1747 年逃离苏格兰。自此，他成为牙买加最大的种植园主，通过蔗糖经营获得了一笔超乎想象的财富。韦德伯恩希望凭借这笔新财富回归苏格兰，重振家族的贵族荣光。约瑟夫·奈特成为这个计划的一枚棋子——黑人仆人在英国常被视为财富的象征，所以韦德伯恩才会将约瑟夫"栽培"为男仆。约瑟夫接受了一系列训练，掌握了英法两门语言的阅读和写作，3 年后他登上了另外一艘船，只不过这次是向苏格兰出发。

潮湿多风的苏格兰对于约瑟夫而言是陌生的。虽然韦德伯恩的身份回归计划十分奏效，但这对约瑟夫本人并没有太大影响，除了要适应新环境之外。韦德伯恩有一处位于佩思郡（Perthshire）的庄园，名叫波兰甸（Ballindean Estate），那里就是约瑟夫工作的地方。他依旧是一名男仆，但却有别于家里的其他仆人。他的奴隶身份没变，依旧受韦德伯恩的约束。但是，由于英格兰发生了一桩具有里程碑意义的法律案件，这种情形很快就发生了变化。1771 年 11 月，一名拴着铁链的奴隶詹姆斯·萨默塞特（James Somerset）被人从伦敦运往牙买加进行转卖。萨默塞特其实也是初来乍到，他此前大多时间生活在美国，是在 1769 年才跟随主人查尔斯·斯图尔特（Charles Steuart）来了伦敦。萨默塞特登陆伦敦没多久后就逃脱了，但很快又被抓住，并再次被变卖为奴。幸运的是，一个废奴主义者组织随后介入并举报说，针对萨默塞特的监禁是非法的。1772 年，一个英国法庭发现针对萨默塞特的

---

①　支持斯图亚特王朝君主詹姆斯二世及其后代夺回英国王位的一个政治、军事团体，多为天主教教徒组成。

拘留判决并无先例可循，因此他被释放了。这一重磅新闻得到了广泛的报道，一些报纸的头条新闻宣称，萨默塞特案可能会结束英国境内的奴隶制，并赋予像萨默塞特一样从其他国家买入并带到英国的奴隶脱离主人的权利。很遗憾，媒体的报道并非实情。法官对詹姆斯·萨默塞特的判决故意含糊其词。这一判决没有对奴隶制做出任何有意义的改变，甚至没有暗示詹姆斯·萨默塞特不再是奴隶，只是说查尔斯·斯图尔特不能对其进行拘留或转卖。但无论如何，报纸上可不是这么说的。

1772 年 7 月，约瑟夫·奈特在当地报纸上了解到萨默塞特一案，他认为，这说明从法律上讲自己应当是自由人了。有意思的是，这并非约瑟夫第一次心生对自由的向往。1768 年，约瑟夫在苏格兰登陆后便询问过韦德伯恩能否付给他报酬或准他自由。韦德伯恩向约瑟夫承诺 7 年后将会还他自由。隔年，韦德伯恩向约瑟夫进一步承诺，等约瑟夫获得自由的时候，自己会在牙买加为他购买一片土地和一处住所。1772 年很快过去了。在 1773 年的时候，约瑟夫开始质疑韦德伯恩曾经许下的承诺。他一直在耐心等待主人承认萨默塞特一案，准许他重获自由，可韦德伯恩却无动于衷。虽然起初约瑟夫并不想搅乱局面，但很快他就有了一个奋起反抗的理由。

避开废除法案

1807 年 3 月 25 日，《废除奴隶贩卖法案》（Slave Trade Abolition Act）废止了英国参与跨大西洋奴隶贸易的权利；然而，《废奴法案》（Slavery Abolition Act）直到 1833 年才通过。这并非意味着此类侵犯人权的行为结束了。加勒比地区的许多英属殖民地开始盛行使用契约佣工，他们当中的大多数人都来自中国和印度。据报道，除了高死亡率外，暴力、袭击以及缺乏基本卫生保障的事件时有发生。

约瑟夫爱上了韦德伯恩的一个仆人安·汤普森（Ann Thompson）。或许因为安是白人，这对情侣一开始就对他们的关系秘而不宣，但女方不久就怀孕了。这对情侣秘密结婚，但幸福生活好景不长。在发现安怀孕后，韦德伯恩解雇了她。迫切希望照顾新婚家庭的约瑟夫请求韦德伯恩准许他自由。倒不是说，约瑟夫不想继续为韦德伯恩工作，他只是想获得工作酬劳，但韦德伯恩拒绝了。此时此刻，约瑟夫才意识到韦德伯恩多年来都在愚弄他，根本没想让他恢复自由。于是，约瑟夫决心自己挣脱枷锁。在他看来，法律早在 1772 年就准许他自由了，他不过是谨慎行事，想等韦德伯恩来宣布这个事。1773 年 11 月，约瑟夫·奈特辞职，并带着家人离开了波兰甸庄园。但紧随而来的，是法院对他签发的逮捕令。

11 月 15 日，约瑟夫被捕，法庭判决韦德伯恩胜诉——这个逃跑的奴隶必须重回主人身边。但是约瑟夫并不满意这个判决。在诉讼过程中，韦德伯恩承认自己从未打算准许约瑟夫自由，他们之间的主仆关系将会一直延续到他或者约瑟夫死去的那天。约瑟夫认为这就是确凿的证据——可以证明韦德伯恩的谎言，以及他无视萨默塞特案开创的先例。于是，约瑟夫将自己能弄到的每一分钱都攒了起来。1774 年，他做了一件不可思议的事——将自己的主人告上法庭。

更让人难以置信的是，在这场法律斗争中，约瑟夫的许多辩护很大程度上都依赖于他对萨默塞特案的错误理解。然而，约瑟夫本人的坚定以及大量关于詹姆斯·萨默塞特案裁决的错误报道，都让这一切变得可以接受，就连佩思郡的治安官也判决约瑟夫·奈特胜诉——他在法律上是一个自由人。韦德伯恩当然不接受，他于 1775 年向爱丁堡法院提起上诉，但法院直到 1778 年才做出终审判决。事实证明，一切等待都是值得的。法官最终裁定："本国法律不承认奴隶制的合法性，本国的法律原则也与奴隶制不相容：牙买加的奴隶制不适用于本国，因此驳回被告（约翰·韦德伯恩）声称其对约瑟夫·奈特所拥有的终身支配权。"

约瑟夫·奈特胜诉了。不仅如此，法官还在他的裁决书中明确表示，在苏格兰领土上拥有奴隶是违反法规的，这为苏格兰任何寻求自由的奴隶创造了一个安全港口。但是，由于部分苏格兰奴隶主完全无视这项裁决，所以实际的执行工作并不总是泾渭分明。可不管怎样，这是朝废除奴隶制迈出了里程碑式的一步。至于约瑟夫·奈特的生活后续如何，我们无从得知。从那以后，历史记录里就没有他的身影了，这种情况或许是一件好事，说明他没有给自己招来更多的麻烦。我们只知道，故事的最后，约瑟夫正准备和妻子安共度自己应得的平静生活。

玛丽·安托瓦内特失踪的钻石

　　玛丽·安托瓦内特（Marie Antoinette）不太可能说过"何不食肉糜"①类似的话，但这就是后世关于她最著名的传言。毫无疑问，她是法国革命者的头号批判对象。虽然玛丽·安托瓦内特的生活和品位都十分奢侈豪华，但这并不是她陷入如此境地的必然原因，而是因为一个骗局以及一条不属于她的钻石项链。

　　大约在1772年，法国国王路易十五（Louis XV）命令巴黎珠宝匠伯默（Boehmer）和巴桑吉（Bassange）为自己的情妇杜巴丽夫人（Madame du Barry）打造一条精致的钻石项链。这条项链举世无双，镶有647颗珍贵无比的钻石，价值相当于今天的1500万英镑。收集钻石和打造项链绝不是一朝一夕就能完成的，而路易十五在1774年就因天花去世，终究没能亲眼看到这件作品。好不容易等到这条价值连城的项链完工，伯默和巴桑吉却没有了买家，于是他们找到了新王后玛丽·安托瓦内特。但是，玛丽·安托瓦内特拒绝了，或许因为这条项链原本就是为杜巴

---

　　① 当大臣告知玛丽，法国老百姓连面包都没得吃的时候，玛丽天真甜蜜地笑道："那他们干吗不吃蛋糕？"与晋惠帝说过的"何不食肉糜"相似。但历史上玛丽没有说过这句话，是后人将愤慨宣泄在这位热衷于打扮的王后身上。

丽夫人量身打造的，而她恰好是自己的宫廷宿敌。不过，玛丽·安托瓦内特对外宣称的官方理由是，与其花费巨款买下这条项链，还不如让她的丈夫路易十六（Louis XVI）用来购买军舰。这两位珠宝匠迫切想要卸下这个千钧重负，所以他们一直不依不饶地进行劝说，但玛丽·安托瓦内特始终没有答应。因此，这条项链是强有力的警钟，提醒人们与年迈的国王做交易的风险；它一直滞留在伯默和巴桑吉的手中，直至让娜·德瓦卢瓦这个骗子开始打起它的主意。

出生于 1756 年的让娜·德瓦卢瓦 - 圣雷米（Jeanne de Valois-Saint-Rémy）原本是贵族家庭出身，可惜后来家道中落，父亲也死在巴黎的一个贫民院里。但这一切并无法阻止她在法兰西贵族阶层中追逐荣耀的脚步。她更名为让娜·德瓦卢瓦，声称自己是法兰西王室私生子的后裔。1780 年，她嫁给了自诩贵族出身但却一穷二白的尼古拉斯·德拉莫特伯爵（Count Nicholas de la Motte）。这对处心积虑的夫妇拉上了雷多·德维莱特（Rétaux de Villette），决心前往法国宫廷闯出一个名堂来。雷多·德维莱特是尼古拉斯的朋友，也是让娜的露水情人，也就是所谓的皮条客。

1783 年，这对夫妇结识了红衣主教德·罗翰（Cardinal de Rohan），这个中年男人曾经是驻维也纳大使。罗翰在维也纳任职期间，经常触怒玛丽·安托瓦内特的母亲玛丽亚·特蕾莎（Maria Theresa）王后，因此他在玛丽的宫廷里并不受待见，自此地位一落千丈。但是，富可敌国的罗翰极度渴望自己能够重掌大权——这个欲望成了让娜计划里的完美棋子。让娜先是当了罗翰的情妇，再让罗翰相信自己是玛丽·安托瓦内特的"远房亲戚"，可以帮他重获王后的青睐。罗翰十分欣喜，开始写信请求王后的原谅。他不知道的是，自己收到的回信都是出自雷多·德维莱特之手。直到 1784 年，罗翰起了疑心——尽管自己一连数月与玛丽·安托瓦内特通信，但他们之间的关系依旧没有任何起色！为了稳住罗翰，行骗三人组找到了妮可·勒盖（Nicole Le Guay），一名长相酷似王后的年轻妓女。在夜色掩映下，他们偷偷将妮可带入凡尔赛宫的花园，让她假扮王后与罗翰见面，并表示二人就此冰释前嫌。这个计划十分成功，让娜准备再出大招。

杜巴丽夫人策划不周的冒险行为

> 作为这条项链的原定主人，杜巴丽夫人的悲惨下场多半是因为自己的珠宝失窃丑闻。在玛丽·安托瓦内被排挤出法国宫廷后，杜巴丽夫人又回到了奢华的城堡里。1789 年法国大革命爆发时，她仍旧在宫廷里过着平静的生活。然而，她的很多珠宝开始在 1791 年失窃，为了寻回这些珠宝，她数度往返法国和英国，十分引人注目[①]。1793 年 12 月 8 日，杜巴丽夫人被捕并斩首。

让娜告诉罗翰，玛丽·安托瓦内特愿意欢迎他的回归，前提是他必须先抛出橄榄枝——买下伯默和巴桑吉手中的钻石项链作为和解的礼物。她说，玛丽·安托瓦内特负担不起这条昂贵的项链，所以罗翰必须悄悄把它买下，再作为礼物呈献上去。1785 年 2 月，红衣主教提供了由雷多·德维莱特伪造的信件作为女王命令的证明，珍妮先是将

---

① 数度往返法国和英国的杜巴丽夫人被怀疑是去给法国大革命的流亡者提供财务资助。

项链上的钻石拆解下来，再拿到黑市上卖掉。但事情很快就败露了，多亏伯默和巴桑吉言辞隐晦地给玛丽·安托瓦内特写了一封信，感谢她终于买下这条项链。不出所料，王后对此困惑不已，并迅速命人展开调查。1785 年 8 月 15 日，红衣主教罗翰在凡尔赛被捕。接下来数日，让娜、尼古拉斯和雷多也被围捕，同时被逮捕的还有妮可·勒盖以及江湖术士亚历山德罗·卡廖斯特罗（Alessandro Cagliostro），此人依附在轻信他人的红衣主教身边，号称是一名魔术师和心理治疗师。

针对被捕者的审判要好几个月后才能开始，因此，人们为了搜索更多关于丑闻的资讯，开始制作起八卦小册子。这类小册子并不是什么新鲜事。事实上，就在钻石项链阴谋者被捕后几个月，警方又逮捕了一个名叫皮埃尔-雅克·勒梅特（Pierre-Jacques Le Maitre）的人。此人经年累月都在制作一些针对君主制及其统治的政治小册子。在整个 18 世纪 70 年代，类似的小册子层出不穷，内容都是在嘲笑玛丽·安托瓦内特的外国血统、奢靡品位和所谓的情人们。所以，人们轻易就相信了那些新鲜出炉的关于钻石项链阴谋的小册子——玛丽·安托瓦内特是整个阴谋的幕后黑手，她始终坚定不移地追求奢靡的品位，以至于要勾结妓女和皮条客，把法国人民的钱浪费在此等荒谬的蠢事上。此前关于玛丽·安托瓦内特的反面传闻一度甚嚣尘上。到了 1786 年 5 月，民众和女王已经水火不容，连警察也无法阻止暴徒对她发起猛烈攻击，寸步难行的她甚至没有办法访问巴黎圣母院。

审判终于姗姗来迟。虽然法庭可能判处玛丽·安托瓦内特无罪，但是舆论法庭却不会轻易放过她。此外，被判有罪的让娜成功越狱并逃至伦敦，于 1789 年出版了一本《瓦卢瓦·德拉莫特伯爵夫人的辩护回忆录》（*Memoires Justificatifs de La Comtesse de Valois de La Motte*），这无疑是火上浇油。让娜把玛丽刻画成一个冷酷且精于算计的女人，还指控她是一个女色情狂和未出柜的同性恋。同年 7 月，巴士底狱陷落，在这个节骨眼上，法国王室的情形已经再糟糕不过。随着法国大革命席卷全国，让娜对玛丽的指控愈发根深蒂固。实际上，在接下来的数月乃至数年里，关于钻石项链阴谋的海量回忆录册子充斥着整个市场，王后被描绘成一个贪得无厌的魔鬼和水性杨花的娼妓。然而，1791 年，还未等让娜返回法国见证自己的骗局掀起了多大的风浪，她便在躲避债主追债的途中死了。1793 年，玛丽·安托瓦内特和丈夫死在了革命者手中。当法国人民在忍饥挨饿的时候，国王和王后仍一味地挥霍无度，这固然是不争的事实，但是玛丽·安托瓦内特又何尝是罪有应得呢？

第四部分　十九世纪

《彼得大帝遗嘱》

可以说，俄罗斯彼得大帝（Peter the Great）的成就在近年来被赋予了较多的神话色彩，呼应了伊凡三世及伊凡雷帝关于"俄罗斯土地收集"的梦想，以宣扬并证明战争和侵略的正当性。然而，为了支撑迥然不同的历史篇章，彼得大帝的个人经历也不是第一次被扭曲。事实上，彼得大帝的意愿和遗嘱都是伪造的文件，但部分阶层至今仍信以为真，并且它自 19 世纪以来就一直影响着全球政治。

1812 年，法国"历史学者"和传道者查尔斯·路易斯·莱苏尔 ①（Charles Louis Lesur）出版了《俄国权势的演进》（ *Of the Progress of Russian Power from Its Origin to the Nineteenth Century* ，以下简称《遗嘱》）一书。拿破仑·波拿巴就是利用这本书来制造反俄舆论并推动法国入侵俄国的战争。书中包含了《彼得大帝遗嘱》（ *The Testament of Peter the Great* ），提出了俄罗斯意图占领整个欧洲，征服波斯（如今的伊朗）、印度和土耳其等国家的"十四点计划"。这一计划列举了详细的设想步骤，包括让俄罗斯长期处于战争状态、在波兰制造无政

---

① 莱苏尔生于1763年，卒于1832年，是拿破仑治下的一名学者。

府状态、造成各国互相对立，并控制波罗的海和黑海。莱苏尔认为，尽管彼得大帝已经于 1725 年去世，但他依旧是整个欧洲的威胁。作为俄罗斯帝国的缔造者，彼得大帝不断开疆拓土，实际上是在为其继任者实现"唯俄罗斯独尊"的使命搭桥铺路。法国必须对俄国发起战争，否则，俄罗斯将抢先一步占领欧洲，再然后可能就是全球。莱苏尔没有任何证据证明《遗嘱》确实存在，而且在他提出这一说法之前，历史上也没有任何关于《遗嘱》的记载。总之，由于莱苏尔一向擅长触发公众的强烈恐慌和怀疑，所以当时的确没有人想过就此进行验证。

1836 年，能够证明《遗嘱》确实存在的"证据"终于出现了，尽管这一证据的来源非常古怪——这一情报出自法国间谍骑士迪昂（Le Chevalier d'Éon）。这名间谍死于 1810 年，而且自那以后，人们就大声疾呼要了解关于此人生平和死亡的情报。这是因为，迪昂一直以女性自居，被早期女权主义者奉为女性成就的典范。然而尸检报告却显示迪昂拥有男性生殖器，尽管许多历史学家认为迪昂很可能是跨性别者，但是 1836 年的公众可不这么认为——如果一个男人穷尽半生都在"假冒"女人，那么他还会干出什么稀奇古怪的事呢！答案就存在于弗雷德里克·盖拉德（Frederick Gaillardet）为迪昂撰写的传记文学《迪昂骑士回忆录》（*Memoires du Chevalier d'Éon*）里。这本传记文学糅合了迪昂本人的真实生活与作者的虚构想象，尽可能地紧扣名人名事，创作出惊险却变样的事件和骗局，其中包括了迪昂找到彼得大帝的遗嘱并于 1757 年将其寄回法国的故事。没有任何证据表明《遗嘱》确有其事——没有书面记录，没有存档文件，就连迪昂在 1779 年找人代笔的自传中也未曾提及。但是，它成就了一个伟大的故事，正如我们所了解的，有时候，虚构足够以假乱真。毫无疑问，这对历史学家沃尔特·凯利（Walter Kelly）来说已经足够充分。1854 年，他在自己的巨著《俄罗斯史》（*The History of Russia*）中收录了盖拉德对这一事件的描述。有趣的是，凯利的确指出过，"回忆录和所谓的遗嘱均存在疑点"，而且支持这些主张的证据从未"经过彻底的验证"。但是他最后总结道，俄罗斯在土地收集方面的发展历程足以证明《遗嘱》的真实性。这样一来，凯利基本奠定了《彼得大帝遗嘱》在历史传奇编年史上的地位。时至今日，人们还是最常援引凯利和盖拉德的描述来证明这份遗嘱的合理性。

　　1853 年克里米亚战争（Crimean War）[①]爆发后，《彼得大帝遗嘱》再度被推上全球政治的风口浪尖。报纸撰稿人旋即在报道俄罗斯战时行动时捎带上这份遗嘱。其中，卡尔·马克思（Karl Marx）和弗里德里希·恩格斯（Friedrich Engels）在《纽约论坛报》（*New York Tribune*）发表的文章可以说是最大的鼓动者，他们认为《遗嘱》是俄罗斯一切外交政策的指导方针，证明了"俄罗斯本身固有的野蛮"。这个所谓的持久阴谋论带来了无穷尽的恐慌。因此，全面的历史调查终于在 1859 年正式启动，直到 19 世纪 70 年代，多项调查结果才表明，《彼得大帝遗嘱》不过是莱苏尔的伪造之作。

---

① 1853—1856 年俄国与英国、法国、土耳其、撒丁王国之间的战争。

> ### 彼得大帝
>
> 彼得一世（或称彼得大帝）于 1682 年加冕，与其异母兄弟伊凡五世（Ivan V）并立为沙皇。1696 年，伊凡五世去世，彼得成了俄罗斯的唯一统治者。在今天，人们认为彼得大帝有力推动了俄罗斯的现代化进程，并巩固了俄罗斯在欧洲的地位。

但是，各方从未停止过利用《彼得大帝遗嘱》，它简直是一个再好不过的宣传工具。德国在一战期间就验证了这一点，他们利用新版《遗嘱》说服法国和伊朗，让他们与俄罗斯反目成仇。二战期间，他们故技重施，只不过这次是将目标瞄准了俄罗斯的所有欧洲盟友。1948 年，随着冷战的升温，美国总统杜鲁门写道，他担心苏联带来的威胁将永远无法解决："他们有着非常顽固的理念，这是彼得大帝在遗嘱中提出的理念——我建议你们读一下。"对此，律师格兰维尔·克拉克（Grenville Clark）忍不住跳出来回应，他用大写英文写道："**《彼得大帝遗嘱》是拿破仑在入侵俄罗斯前夕用来制造反俄舆论的宣传工具，显然有人打算如法炮制。**"但这番回应并没有改变什么。杜鲁门的几位助手后来证实，就算总统不再公开谈论自己相信这份遗嘱的真实性，他私底下依旧是深信不疑的。尽管关于这份遗嘱的真相早在 150 多年前就已经揭开了，但关于它的传说从未停止。可以肯定的是，无论俄罗斯在何时何地卷入战争或侵略，《彼得大帝遗嘱》一定会被再次提起。

格雷戈·麦格雷戈的虚构世界

正当莱苏尔的伪造之作在欧洲人的脑海里落地生根时，有一群殖民者已经被一系列伪造事件忽悠到尼加拉瓜的莫斯基托海岸（Mosquito Coast）。为了从殖民主义中分得一杯羹，他们在当时仍鲜为人知且无人寓居的美丽新世界"波亚斯"（Poyais）购买了土地。1822年9月10日，他们从伦敦码头启航新征程，希望能够趁此机会大捞一笔。但唯一的问题是，波亚斯根本就是一个子虚乌有的地方，殖民者很快发现自己被困在一片荒凉野地里。美丽新世界转眼成为"失乐园"。

格雷戈·麦格雷戈（Gregor MacGregor）就是这场灾难的幕后黑手。麦格雷戈于1786年出生在苏格兰，父亲是东印度公司的一名船长。他年轻时几乎全靠家里养活，整天游手好闲，不思上进。他原先在英国军队买了一个头衔，但由于缺乏协作能力，还与上级发生了冲突，他最终在1810年被迫辞职。之后，麦格雷戈便开始依靠妻子继承的遗产勉强度日，但是当妻子在1811年突然离世后，他又被迫外出谋生，并把目光投向了雇佣兵的职业。西班牙拉丁美洲独立战争①自1808年开始

① 18世纪末至19世纪在拉丁美洲发生的一系列西属美洲对西班牙帝国的战争。

打响，和麦格雷戈一样的雇佣兵不计其数，而那些争取独立于西班牙之外的各方势力也乐于接纳这群人。一定程度上，这场战争的爆发是由于拿破仑入侵伊比利亚半岛造成的，但更主要的原因是各方势力对西班牙当局的不满根深蒂固且与日俱增。1813 年抵达委内瑞拉后，放弃自力更生的麦格雷戈为自己造了一份神话般的履历——他现在是格雷戈长官，英国军队的传奇英雄。麦格雷戈在履历上声称的战绩十分耀眼，所以他很快成为解放者西蒙·玻利瓦尔（Simón Bolívar）的部下，直接参与了委内瑞拉独立战争。麦格雷戈在随后数年里脱颖而出，到了 1820 年，他已经在委内瑞拉和新格拉纳达军队中以少将的头衔执行雇佣军任务。

在 1820 年春天的一次任务途中，麦格雷戈在莫斯基托海岸登陆，进而获悉波亚斯这个地方。这片土地是米斯基托王国（Miskito Kingdom，当时更多称莫斯基托王国）的一部分，曾经是英属殖民地。但是，根据英国与西班牙达成的外交协议，这里的英国殖民者在 1786 年被转移到了附近的英属洪都拉斯殖民地。尽管如此，莫斯基托国王和英国还是保持着友好关系，直至 1814 年，乔治·亚瑟（George Arthur）被任命为英属洪都拉斯的副总督。当时洪都拉斯有大约 3000 名遭受奴役的人，其中大部分来自莫斯基托海岸，他们要么是被贩卖为奴的米斯基托人，要么是被俘虏的敌对部落囚犯。乔治·亚瑟惊讶于奴隶们所遭受的非人道待遇，试图让他们集体获得自由，但奴隶主或莫斯基托国王不以为然。意识到形势起了变化，莫斯基托国王希望将部分领土出让给新主人，摆脱自己面临的纠葛。登陆上岸的格雷戈·麦格雷戈似乎就是天赐之选——既对持续的动荡毫不知情，又显然不介意波亚斯的荒凉现状：或许波亚斯曾经拥有过肥沃的良田和繁荣的木材贸易，但由于多年的无所作为，这里如今几乎无人寓居。

　　有意思的是，格雷戈·麦格雷戈最初买下波亚斯的时候，压根没想过要精心策划一个长久的骗局。他原希望在这片土地上建立一个殖民地，既可以获取拉丁美洲共和国的利益，又可以发展为英国贸易枢纽。其实，麦格雷戈早在 1817 年就已经试过这一招数，宣称自己在佛罗里达海岸附近的一座西班牙岛屿要塞建立了"佛罗里达共和国"。然而，新殖民地成立仅 3 个月后，西班牙的袭击威胁迫使他弃岛逃离，什么项目都不顾上了。1819 年，他故技重施，企图夺取洪都拉斯湾附近的西班牙港口，甚至加冕自己为"新格拉纳达印加国王陛下"。每当西班牙人来袭，麦格雷戈都是立马弃岛潜逃。波亚斯是他建立殖民地的最后一搏，至少这一次他没有窃取别人的土地！

　　1821 年，格雷戈·麦格雷戈以波亚斯酋长的名义回到英国。他十分清楚，没有买家会对真实的波亚斯感兴趣，于是他围绕着"擘画波亚斯美好未来新蓝图"的主题展开了一场营销宣传活动，关键是，他只字不提这一美好未来有多"遥不可及"。一方面，他印制了一系列波亚斯风景宣传画册、传单和地图，突出其秀丽的山脉、蔚蓝的海洋，以及一个季度可收获两种作物的沃土良田。另一方面，他付钱让斯特兰奇韦斯（Strangeways）上尉制作了一本波亚斯旅行指南，强调该地拥有极其丰富的木材资源，只等人们前来采撷财富先机。麦格雷戈不断加大推销力度，谎话也越说越多，新殖民者所面临的危险也越来越大。

　　1822 年，波亚斯的业务不断壮大，还在爱丁堡和伦敦开设了办事处，为这个羽翼渐丰的骗局披上了一层合法的外衣。同年，金融家们上钩了，他们向麦格雷戈提供了 20 万英镑的贷款（约等于今天的 2700 万英镑）。潜在的殖民者翘首以盼，就等着什么时候麦格雷戈会发号施令，他们可以启程前往美丽新世界。从不放过任何一个机会的麦格雷戈只好一一答应。为了这趟旅行，他们购置了一艘洪都拉斯豪华游轮；麦格雷戈还印刷了一种新纸币，用来"兑换"殖民者手中的真金白银。就这样，1822年9月，麦格雷戈兴高采烈地将殖民者们送到了一片贫瘠的荒地上。

1823年初，洪都拉斯豪华游轮抵达波亚斯，正当他们开始卸船时，一场飓风来袭。为了躲避极端恶劣的天气，船长立马逃之夭夭，还带走了大部分的补给，将殖民者抛弃在岛上，孤立无援。3月22日，第二批殖民者抵达波亚斯，局势迅速升级。只等殖民者们下船后，船长再次掉头就走，留下近250人困在这里。殖民者们也没料到自己会陷入如此境地，毫无准备的他们也曾极力尝试求生，但终究是劳而无功。他们在地里撒下的种子发芽没多久便纷纷枯萎死亡；他们的帐篷和临时搭建的小屋无法抵御风雨天气；他们缺乏适当的卫生设施，很快疾病便在营地里蔓延开来。

幸好，幸存者和米斯基托人齐心协力，将消息带到了英属洪都拉斯。同年5月，英属洪都拉斯展开了一场营救活动。在这场殖民冒险活动中幸存下来的人，后来多数定居在伯利兹，部分则返回了英国。另外两艘游船也是在1823年抵达，船上载满了被麦格雷戈忽悠过来的殖民者们。但还好，他们在看到这片蛮荒之地的瞬间便决定原船折返，也有一些是在途经伯利兹的时候被拦截下来。

奇闻异事

> 不少历史学家在研究麦格雷戈的离奇骗局时，起初都认为麦格雷戈付钱让斯特兰奇韦斯上尉撰写旅行指南这个情节实属无中生有，实际上那本指南就是麦格雷戈本人的杰作。但其实，托马斯·斯特兰奇韦斯确有其人，他曾是第65军团的军官，驻扎在英属西印度群岛——至于他为什么会同意参与这个骗局，我们无从而知。

与此同时，格雷戈·麦格雷戈不知去向。当波亚斯骗局事件的消息传遍大街小巷后，他逃离了英国。两年后，他在法国现身，再次设立了办事处，出售自己在波亚斯购置的土地，并向人们宣传岛上遍布黄金。不知怎的，他的骗局再次大获成功，不仅吸引了不少殖民者，还获得了 30 万英镑的贷款。幸好，还未等他的游船在法国启航，当局就抓住了他。1825 年年底，麦格雷戈面临欺诈指控。但不知何故，这些指控最后又被撤销了。1827 年，这个骗子再次别出心裁，决定返回英国重新实施自己的阴谋。几乎同时，他因欺诈被捕入狱，但指控再次无疾而终。死里逃生之后，麦格雷戈似乎金盆洗手，不再行骗。他一直以不义之财为生，直至 1839 年返回委内瑞拉。委内瑞拉准许恢复他的少将头衔，同时还授予他一笔可观的养老金。1845 年，格雷戈·麦格雷戈在加拉加斯去世，讣告称其为"英雄"。

月亮大骗局

1835 年 8 月 25 日，纽约居民一觉醒来，一则惊天新闻便径直砸向他们：英国天文学家约翰·赫歇尔（John Herschel）爵士在月球上发现了生命。这不只是普通的生命，而是一个完整的高级生物群落，他们在生活区边上建立了巨大的神庙，以便利用月球上丰富的河流和森林资源。《纽约太阳报》（*New York Sun*）报道了这一具有里程碑意义的发现，内容节选自当月的《爱丁堡科学杂志》（*Edinburgh Journal of Science*）。这一科学发现是如此重要，为了不让读者陷入一知半解的状态，《太阳报》承诺将在第二天的版面上披露更多信息。果然，它没有辜负读者的期望，很快就报道了更详细的信息，包括月球表面高空有一群蝙蝠人以及具有类人特征的独角兽和海狸出没。

这些报道掀起了一阵疯狂的风潮，《太阳报》被抢购一空，就连办公室也被那些迫切获取最新版面的读者们围得水泄不通。这其中就有一群来自耶鲁大学的科学家，他们热切希望与《爱丁堡科学杂志》的研究小组展开交谈。由于不知道如何处理这个情况，《太阳报》的工作人员就把科学家们带到纽约市到处转悠，徒劳无功的他们最终只能返回耶鲁大学。几天后，在南非考察的约翰·赫歇尔爵士才得知自己的发现掀起了一波狂潮，但让他困惑的是，自己从未进行过这个研究。同样困惑不已的还有《爱丁堡科学杂志》的编辑和作家们，主要是因为该杂志已于三年前停刊。很快，大众意识到自己被忽悠了——老实说，当"蝙蝠人"出现在报道中的时候，读者的疑虑便已经悄然而生。

英国媒体旋即嘲笑起美国人，没想到他们竟然相信这些信口开河的报道。但是，在骗局被揭穿以后，包括英国报纸在内的许多国际报纸仍将《太阳报》的文章当作事实进行报道。伦敦《先驱报》（Herald）声称美国人总是渴望刺激，它写道："对于美国人来说，刺激就像是智力的食物，一旦没有足够的刺激，他们就会千方百计地制造刺激。"然而，这场骗局的始作俑者并不是美国人，而是《太阳报》的英裔编辑理查德·亚当斯·洛克（Richard Adams Locke）。

在月球大骗局登上报纸版面之前，《太阳报》的读者人数约有8000人，而在公布赫歇尔爵士的"发现"之后，读者人数升至19360人。一夜之间，《太阳报》成为美国订阅人数最多的报纸之一。整个骗局就是一个精心策划的伎俩，纯粹为了吸引读者，而它确实奏效了。《太阳报》也并未因为骗局的揭穿而面临什么后果——对于读者而言，这就是一次无伤大雅的趣味旅程。赫歇尔本人也笑言，这个报道的"想象力非常丰富"。唯一的例外是，这件事的确对年轻作家埃德加·爱伦·坡（Edgar Allan Poe）造成了长期的伤害，他怒责《太阳报》盗用了自己早在两个月前就已经发表的短篇科幻小说《汉斯·普法尔的非凡历险记》（The Unparalleled Adventure of One Hans Pfaall）。但有意思的是，埃德加的愤怒不仅仅是因为洛克剽窃了他的作品，而是因为他希望《汉斯·普法尔的非凡历险记》本身能够成为历久弥坚的讽刺骗局。

在此之前，这种大规模的公共骗局通常是由作家或随机参与者发起的，例如"屡次生下兔子"的玛丽·托夫特，或是蒙茅斯和曼德维尔之流的作家。18世纪，科学技术迅速发展，受科学发现启发的作家们也相继创作出科幻小说。如同埃德加一般，如果你能把虚构故事包装成事实，至少在一段时间内，你的读者数量将会节节攀升。《太阳报》抛弃了以往的做法，继而创造了一种新流派——虚假新闻。在报界看来，在没有什么新闻的日子里，这也不失为一种简单实用的补充方式，而且还能提高销售量。甚至于在1844年，当埃德加·爱伦·坡受邀发表了原创虚构故事《气球骗局》（*The Balloon-Hoax*）①后，他终于放下了自己对洛克的愤怒。

真实的约翰·赫歇尔

虽然约翰·赫歇尔并没有发现月球上的生命，但他的确命名了土星和天王星的几颗卫星，还发现了多个星系。此外，他被视为在天文学中建立儒略日系统的创始人，而且他在1831年发表的《自然哲学初论》（*A Preliminary Discourse on the Study of Natural Philosophy*）曾启发了查尔斯·达尔文。

随着19世纪的推进，虚假新闻的热潮不断扩大，其中大部分都是非常荒唐的事情。比如发生在1895年的玛吉·墨菲（Maggie Murphy）骗局，声称一个男人娶了一个大土豆。但在此期间，有一个传奇人物

---

① 埃德加·爱伦·坡本人将科幻小说《气球骗局》寄给了《纽约太阳报》，于是这篇小说便以新闻报道的形式见诸报端，"科学"地报道了梅森先生乘坐最新研制的热气球飞越大西洋的事件。

脱颖而出，他就是初出茅庐的记者塞缪尔·朗霍恩·克莱门斯（Samuel Langhorne Clemens），也就是后来的马克·吐温（Mark Twain）。1862年，他撰写了一篇关于一名石化男子幻化为加州山脉旅游景点的文章，试水了假新闻。然而，随着越来越多的记者沉溺于制造虚假新闻，他们的谎言也愈发夸张。1863年，马克·吐温就在制造虚假新闻这一领域首攀高峰，拔得头筹。他在《事业报》（*Territorial Enterprise*）上报道了一个名叫约翰·霍普金斯（John Hopkins）的男人因为投资旧金山公用事业失败而发疯，进而杀死了自己的妻儿。幸好，霍普金斯这号人物并不存在，他的妻儿也不存在。但马克·吐温之所以炮制如此可怕的假新闻，不仅仅是希望抓住读者的注意力，还希望向读者展示自己在公用事业实践中看到的失败。虽然马克·吐温差点因为这则虚假新闻丢了饭碗，但这也奠定了一个先例。独角兽和蝙蝠人的时代已经一去不复返，虚假新闻即将进入一个非常危险的时代。

亚伯拉罕·林肯及异族通婚的出现

"废奴"是 1864 年美国总统大选前最热门的话题。这次选举正值美国南北战争期间，由于南方邦联完全放弃了选举，因此大多数政客认为这次选举应聚焦在联邦的未来上——要么继续战争，要么促成和平。但无论如何，他们都必须直面奴隶解放的问题。民主党候选人乔治·B. 麦克莱伦（George B. McClellan）认为奴隶制是受宪法权利保护的制度，因此当他主张全面重建联邦并提出任何重新加入的南方邦联都将"立即获得所有宪法权利的充分保障"时，他实际上是在说，没有一个州会在他的任期内被迫解放奴隶。站在对立面的则是共和党候选人和现任总统亚伯拉罕·林肯（Abraham Lincoln）。自第一届总统任期开始，林肯就深陷在废奴的旋涡中。1861 年和 1862 年，他先后尝试买断奴隶主的所有权，但计划均以失败告终；最终，他在 1863 年发布了《解放奴隶宣言》（*Emancipation Proclamation*）。宣言规定，所有各州境内"叛乱"的黑人奴隶"自此即被视为自由人"。当然了，只有联邦获胜了，他们才能是真正的自由人，但是林肯已经表明了自己的立场。宣言发布后，大约有 20 万奴隶在获得自由的承诺下逃离南方。

在当时，投票支持林肯就相当于投票支持彻底废除奴隶制。共和党内部对此各持己见，如果要将解放奴隶进行到底，那么许许多多的富人将会面临廉价劳动力以及大量财富的流失，更何况，废奴恐怕会导致更多的战争。此外，与和平民主党人保持同样立场的"铜头蛇"（Copperhead）[①]报纸大肆渲染，并将战争归咎于废奴运动。在《解放奴隶宣言》发布后，这类型的报纸便开始活跃涌现，一边忙于编造故事，使用虚构的伪科学来证明黑人是劣等种族，一边不断报道或真或假的新闻，将美国黑人描绘成"野蛮人"和"怪物"。然而，这类报纸的成功之处在于它们十分擅长制造恐慌——声称废奴运动将会导致"黑人至上"。例如，1863 年 7 月，铜头蛇报纸《时代》（*The Age*）质疑堪萨斯第一有色人种志愿步兵团的嘉奖之词，它写道："我们认为这是废奴主义的又一个证明，即黑人和白人一样好！……对'黑色偶像'的崇拜将会继续演进，这场为'非洲黑人'及其种族而战的残酷战争完全将数百万自由白人的利益置之度外。"

两名新闻工作者大卫·古德曼·克罗利（David Goodman Croly）和乔治·韦克曼（George Wakeman）意识到，要真正阻止废奴运动，仅仅依靠铜头蛇报纸是不够的，他们需要把目标对准废奴主义者。纽约的《世界报》（*The World*）是一份偏向铜头蛇分子的报纸，克罗利是该报的执行编辑，韦克曼则是该报的一名记者。1863 年，两人开始撰写一本名为《异族通婚：种族融合理论》（*Miscegenation: The Theory of Blending of the Races*）的小册子。小册子的"匿名"作者引用科学研究，称美国黑人男性是"真正男子气概的理想化身"，人类的未来取决于

---

① 铜头蛇又称和平民主党人。美国内战时期北部反战民主党人的绰号。比喻其像北美洲的铜头蛇一样恶毒。

跨种族婚姻，"混血或混合种族在智力、身体和道德方面要远远优胜于纯种或非混合种族"。这些颠覆性言论根本就是有意而为之。即使在废奴主义群体内部，跨种族婚姻的概念都是忌讳，所以，克罗利和韦克曼最后造了一个词来描述自己提出的伪科学概念——异族通婚。需要指出的是，克罗利和韦克曼其实并不相信自己编撰出来的这一套东西；恰恰相反，他们认为白人天生优越。他们周密策划了一个阴谋，而这本小册子就是阴谋的一部分。他们要渗透到废奴主义者当中，诱使他们签署这本具有煽动性的小册子，然后通过他们的报纸制造恐慌。

> ## 马克·吐温的异族通婚
>
> 1864 年 5 月，不甘示弱的马克·吐温立志成为虚假新闻报道的真正王者。他创作发表了一则与异族通婚相关的虚假新闻，声称为联邦士兵筹集的资金被挪用去"援助东部某个异族通婚协会"。马克·吐温后来进行了公开道歉，声称这则虚假新闻是自己的酒后之作。然而，这则新闻以及马克·吐温其他饱受质疑的新闻策略引发了一场斗争，他不得不逃往旧金山。

1863 年圣诞节，异族通婚的概念叩响了废奴运动领袖的家门，他们再也无法避而不见。次年二月，这一概念在支持废奴的报纸上大量发表和宣传，各大报摊争相销售。很快，新奇的"异族通婚"概念成为热点话题，就连众议院也就此进行辩论。有谣言称，林肯在执政期间将会强制性合法化异族通婚——这才是解放黑奴的真正目的所在！

克罗利和韦克曼乐于加剧已经造成的混乱局面，他们写道："如果允许白人男子与黑人女子结婚生子，那么在近亲通婚或任何进步主义者尚未冠以委婉名称的其他丑恶行为上，也可以提出完全相同的解决方案。"

至此，异族通婚已经彻底成为竞选议题。1864 年 9 月，随着选举日子的临近，一些反废奴主义者似乎试图引发一场彻底的种族战争。一年前的 7 月，纽约的爱尔兰裔白人移民社区开始对黑人公民发起攻击，这场残杀共造成约 120 人死亡。克罗利和韦克曼在编撰《异族通婚》时便利用了这一冲突，他们写道："黑人和爱尔兰人的融合将为爱尔兰人带来极大的帮助。爱尔兰人是一个更野蛮的种族，其文明程度还不如黑人……当然，我们这里所指称的都是爱尔兰劳工。"这句话被印制在小册子上，遍传整个纽约。有意火上浇油的《世界报》还发表了一篇讽刺文章，称纽约市刚刚举办了一场向林肯致敬的"异族通婚舞会"。文章还配有漫画插图，图上是"150 个黑人姑娘"与共和党政客共舞的场面。许多读者都误以为这是真实的场景。作者还在文章中指出："这场异族通婚舞会所散发的气息让我们不禁打起寒战，所以我们先行离场了。"

随着林肯在 1864 年当选为连任总统，克罗利和韦克曼的努力终究是徒劳无益。林肯回到白宫两周后，《世界报》"揭露"了异族通婚的骗局。当然了，报纸并没有点名克罗利和韦克曼，不过它指出："这个骗局的幕后作者无异于小丑，他们让这件事放任自流；他们隐去真名，躲在安全的城堡里，欣喜地看着失序之王（Abbot of Misrule）[①]被授予近乎神圣的荣誉。"整件事被当成是两个无耻之徒一手策划的骗局，虽然可恶但却无伤大雅，因此，这则精心策划的虚假新闻只在当地流传，并未激起美国其他的报道兴趣。因此，异族通婚理论及其产生的恐慌依旧在公众意识里蔓延。往后数十年里，美国多个州颁布了《反异族通婚法》（Miscegenation Laws），从法律上禁止异族通婚。1883 年，美国最高法院裁定这些法律并未违反宪法的任何规定；一直到 1964 年，美国法律才开始准备撤销该措施，并限制各州禁止异族通婚。克罗利和韦克曼或许没有击败林肯，但是他们的所作所为何尝不是影响深远？因为他们，有多少恋人在一个多世纪里经历了痛苦、分离与错过。

---

① Abbot of Misrule（通常以大写形式出现）是指在英国15至16世纪期间贵族家庭和其他场所所选举的掌管圣诞狂欢的人，即"混乱之主"。

最强骗子

实际上，P. T. 巴纳姆（P. T. Barnum）是少数几个公开揭露异族通婚谬论的人。1865 年，他在出版的作品《欺骗世界》（*The Humbugs of the World*）①中赞许了这个骗局，惊叹于它如何能在成功愚弄大众的同时，还传播鼓动种族隔离的意识形态。他的这一观点确实让人惊讶。作为一名著名的表演家，他在最新的流行文化中常常以"暖男"形象示人，消弭了人与人之间的成见。然而，这个闪耀外表的背后其实隐藏了一些更为黑暗且具有历史破坏性的东西。

P. T. 巴纳姆出生于 1810 年，早年间经历过几次不成功的创业；1835 年，他因机缘巧合进入了演艺界。费城有一个杂耍景点的消息不胫而走，它号称"全球最大的自然和国家奇观"！所谓的奇观便是黑人妇女乔伊斯·赫斯（Joice Heth），据说她已年逾 160 岁，曾是乔治·华盛顿（George Washington）的"保姆"。R. W. 林赛（R. W. Lindsay）原本是乔伊斯的主人，但因为打算回肯塔基州老家，他便决定卖掉乔

---

① 这本书还有一个副标题，叫作"关于各个年代的花招、妄想、作弊、诡计、骗局和骗子们的研究"。

伊斯这个展品。巴纳姆抢先出手，以 1000 美元的价格买下乔伊斯，并立即带她前往美国东北部进行巡演。乔伊斯的卖契通常会在演出前进行宣读，接着这位老妇人才会被带到台前，向大家讲述自己对"亲爱的小乔治"的回忆。其实乔伊斯压根没有 161 岁，这一点巴纳姆当然心知肚明。乔伊斯的身体十分虚弱，巡回演出更是让她筋疲力尽，除了坐在舞台上，她什么都干不了，可每每此时，门票反而一售而空。为了招徕更多的观众，巴纳姆开始向媒体披露乔伊斯其实就是一个行事机械的人，还事无巨细地描述了她的一切，包括她身上有一股烟草味，她两星期才排一次便等等。后来，《波士顿信使报》（Courier）公开谴责了巴纳姆对待乔伊斯的方式，称"人性在展示中凋零"；为了掩过饰非，这名表演家迅速制作了一本小册子，里面充斥着骇人听闻、真假难辨的声明，讲述了乔伊斯曾遭受其他奴隶主的非人对待——虽然巴纳姆如今拥有支配乔伊斯的所有权，但严格意义上讲，他并没有虐待她，不是吗？

"伟大的"博物馆

> 起初，巴纳姆开办的美国博物馆只是展出了各种各样的动物标本、蜡像和"东方古代文物"。随着时间的推移，巴纳姆在博物馆的顶层建设了水族馆和花园，甚至还有一个养着狮子、老虎和熊的动物园。1861 年，动物园里的动物品种又加入了白鲸，它们被养在博物馆地下室的一个人工蓄水池里。

1836 年 2 月，乔伊斯去世，但是巴纳姆没有因此停下牟利的脚步。

他们安排了一场公开尸体剖检，每人只要支付 50 美分就能够现场观看这名老妇被解剖过程，最终付费人数超过 1500 人。剖检结果发现，乔伊斯只有 80 多岁，根本不是美国最老的女人，这引起了媒体的疯狂报道。《纽约太阳报》等报纸兴奋地报道了详细的剖检过程，而巴纳姆却向《纽约先驱报》透露，被解剖的人其实是"一个名叫安特·奈丽（Aunt Nelly）的体面黑人老妇"，而不是乔伊斯，实际上她还活得好好的。乔伊斯的死和围绕它的骗局成为巴纳姆的崛起之路。他创造了一场流行文化奇观，公众和媒体都迫不及待地想知道他接下来要做什么。

　　下一个粉墨登场的主要尝试就是巴纳姆科学和音乐剧院，业务范围包括马戏表演和"奇人异士"。巴纳姆从乔伊斯·赫斯那里学到了所谓的"欺骗"艺术。用他的话说，观众"似乎更愿意被取悦，即使他们知道自己被骗了"。1814 年，巴纳姆将剧院改造为纽约的一个长期景点，更名为巴纳姆美国博物馆。馆里陈列了"百万个奇迹"，包括巴纳姆自创的展品，例如赫赫有名的斐济美人鱼（FeeJee Mermaid）。斐济美人鱼是以一只幼猴的躯干和头部，与鱼的后半部缝合制成的。1842 年，这件怪异离奇的展品落到巴纳姆怀中，但在此之前，船员们都将它扔来扔去。巴纳姆清楚，没有人会相信这是一条美人鱼，于是他实施了一个匪夷所思的骗局。他写信给美国报纸，声称"伦敦自然历史学会的格里芬博士（Dr. Griffin）"发现了一条美人鱼，还将带着它一起来美国。接着，巴纳姆让自己的律师利维·莱曼（Levi Lyman）假扮成格里芬博士，住进费城的一家酒店。律师假装"不小心"让房东看到了美人鱼，而后者则马上联系了媒体。"格里芬博士"随后前往纽约，他先是与记者见面，随后又将美人鱼"出售"给巴纳姆博物馆。

　　除了这些奇奇怪怪的生物组合，活生生的展品成为这个博物馆最大的吸引力。例如，侏儒症患者查尔斯·斯特拉顿（Charles Stratton），他 5 岁的时候就被巴纳姆从父母身边买过来；患有发育障碍的马克西莫（Maximo）和巴托拉（Bartola）两兄弟，他们来自萨尔瓦多，被包装为"最后的古代阿兹特克人"；以及"暹罗双胞胎"昌·邦克和昂·邦克（Chang and Eng Bunker）。或许，巴纳姆生前的最得意之作便是"人猴"①威廉·亨利·约翰逊（William Henry Johnson），一个来自新泽西州的年轻黑人厨师。1859 年，查尔斯·达尔文（Charles Darwin）出版了开创性著作《物种起源》（*The Origin of Species*）。巴纳姆希望利用人们对达尔文理论意犹未尽的兴趣，他将威廉当作"缺失的一环"②并向观众展出，同时打出"它是什么"的口号，声称这个年轻人是在非洲发现的。一场声势浩大的营销活动开始了，各种广告大肆渲染："它是什么？难道是，猴子以上，人类未及？谁又说得清呢！"

有人认为，虽然巴纳姆在博物馆里展出的"奇人异士"犹如人类动物园的动物，但他们当中的许多人确实获得了酬劳以及意想不到的机会。在某些情况下的确如此。例如，作为"奇人异士"之一的查尔斯·斯特拉顿（Charles Stratton）③，他逐渐获得经济独立，最终成为巴纳姆的商业伙伴。但其他人就没有这么幸运了，尤其是那些患有严重残疾的人，例如马克西莫和巴托拉两兄弟，他们一直辗转于不同的买家，还在 1867 年因一次宣传噱头被迫结婚。巴纳姆经营的人类动物园可谓满目疮痍，其产生的问题已远远超过那些被迫居住在其中的人

---

①　即患有小头畸形症者。

②　达尔文进化论存在"缺失一环"，推定存在于人猿与人类之间的过渡动物。

③　斯特拉顿被称为"拇指将军汤姆"，他在舞台上生动地扮演着拿破仑，还在巴纳姆的训练下学会了"葡萄酒对瓶吹"和"同时抽7只雪茄"的技能。

所面临的问题。就在美国不得不就其种族差异性而让步的时刻，巴纳姆却一再大放厥词，指鹿为马。博物馆向参观者展示了少数族裔群体的"野蛮"根源。在"它是什么"这一独特表演秀里，巴纳姆编造了一个故事，说眼前这个"奇人异士"是一些冒险家沿着冈比亚河追捕大猩猩时无意发现的。他制作了一本旨在探究这个"发现"背后的科学知识的小册子，其中编撰道："经由一些最具科学权威的人士的研究，此人是原始非洲土著和动物之间的连接环节。"威廉·亨利·约翰逊又何止是一个穿着表演戏服、刻意装傻充愣的新泽西小伙子，他简直就是异类的可怕象征。

但是，巴纳姆在 1864 年进入了政治圈后便开始转观念、转作风，对奴隶制反言相向。他在一次演讲中承认："我鞭打过我的黑奴，为此我自己也该被鞭打一千次。"1865 年，他当选为康涅狄格州费尔菲尔德的共和党代表，这或多或少是因为他大肆宣扬废奴主义者的观点。同年，巴纳姆美国博物馆被大火烧毁，尽管后来又重建了一座新博物馆，但它在 1868 年也毁于一炬。此后，巴纳姆转向了马戏团行业，同时也专注于自己的政治抱负。1869 年，他含糊其词地表示，自己已经意识到过往购买奴隶的行为大错特错，对此他感到很抱歉，但对于自己编造的骗局，他却只字不提，反而将责任推给乔伊斯。巴纳姆的转变到底是为了炒作，还是出于真心，我们不得而知。可以肯定的是，他装出一副坚定共和党人的样子，到处宣扬福音主义和绝对禁酒的观点。然而，纽约政府在 1883 年对全市妓院展开突击检查，查处了多家由巴纳姆经营的妓院。由此看来，巴纳姆更像是名副其实的最强表演者，为了牟利，他满嘴谎言，不择手段。

俾斯麦及其战争之道

　　19 世纪中叶，日耳曼化的普鲁士王国犹如冉冉升起的明星，在短短的半个多世纪里扶摇直上，跻身世界舞台的中央。作为工业强国，普鲁士的钢铁和煤炭产业丝毫不逊色于欧洲列强；奋起的普鲁士人数量不断增长，其带来的威胁也在不断升级；如果普鲁士可以将大部分德意志联邦诸侯国纳入麾下，那么它或许能够与欧洲列强平起平坐，甚至称霸欧洲。当然了，这些无法遏制欧洲大陆列强的不轨之心。普鲁士实际上仍是一个半工业化的农业国，守旧的传统和宗教根深蒂固，落后的小农思想令其饱受讥讽。普鲁士或许成功在望，然而许多国家对此却不以为然，犹如英国《泰晤士报》（*The Times*）在 1860 年所报道："（普鲁士）何以成为强国，历史会给出说法，但普鲁士为何仍然是今天这个样子，没人能说清楚。"

　　奥托·冯·俾斯麦（Otto von Bismarck）立志改变这一局面。他出生于 1815 年，那一年，拿破仑战争结束，日耳曼邦联（German Confederation）成立。可以说，这个由德语国家组成的邦联就是个大杂烩。奥地利和普鲁士等邦国在人口、工业和经济方面遥遥领先其他邦国，因此往往也是大权在握。这是一个各行其是的体系，无论是经济或力量都很差劲。俾斯麦耳闻目睹了这一切；他出生于富贵人家，青年时期常在普鲁士和德国周边四处游逸，偶尔也会试着去找工作，但大多数时间都是在游手好闲，追逐美人。1847 年，他开始投身政治；很快，他与生俱来的魅力以及知人之术令他备受瞩目，他又何止是一个流连于各种派对玩乐的富家子弟，他根本就是一个天生的政治家。俾斯麦很快就平步青云，其智慧、口才以及冲动蛮横的个性也无人不晓。

末代皇帝

拿破仑三世（Napoleon III）是法国历史上最后一位皇帝。他在 1851 年发动政变，成功夺取了政权。但当他与俾斯麦短兵相接之时，一切都开始土崩瓦解。发生于 1870 年 9 月 1 日至 2 日普法战争时期的色当战役（Battle of Sedan）[①] 是拿破仑三世的最后一击。他命令军队弃械投降，全体官兵及其本人都成为俘虏。9 月 19 日，俾斯麦大军包围巴黎，被围困了 4 个月的巴黎终于在 1871 年 1 月 26 日签订了停战协定。1 月 28 日，普军取得全面胜利。拿破仑三世被废黜并流放。

1862 年，俾斯麦出任普鲁士王国首相，彼时，他已经构想了一个保障普鲁士主导地位的计划：脱离蛮横的日耳曼邦联，统一德意志。这是一个宏伟的构想，真正实施起来绝非易事。日耳曼邦联在 1848 年至 1849 年间爆发了一系列起义，在此之后，普鲁士王国曾企图在自己

[①] 战斗的结果是普军俘虏了法皇拿破仑三世及其麾下的军队，虽然普军仍需要与新成立的法国政府作战，但此战实际上已经决定了在普法战争中普鲁士及其盟军的胜利。

的领导下实现德意志统一，但是都由于奥地利帝国的阻挠而失败。且不论实现德意志统一将对整个奥地利帝国构成威胁，更何况此举还将提升普鲁士王国的实力[①]。事实上，自双方在 1850 年同意放弃统一德意志之后，奥地利就曾要求普鲁士承诺不再尝试相关的行动，也不再挑战奥地利的统治。如果俾斯麦实施统一计划，那么奥地利也必将采取强硬手段，但前提是奥地利仍有胜利的希望。

俾斯麦认为，与奥地利开战是最佳的行动方案。问题是，大部分普鲁士民众并不希望发生战争，尤其是与他们的老盟友奥地利开战。因此，俾斯麦设法制造了一场战争。当俾斯麦提出的扩军请求被普鲁士州议会否决时，为了获得军事预算，他独辟蹊径[②]，背地里进行了一番财政策划，不仅私自支配国家财产，还伪造了税收收据。1865 年，俾斯麦秘密会见了法国皇帝拿破仑三世，成功拉拢法国在普奥战争中支持普鲁士，承诺事成之后普鲁士将以土地作为回报。此外，他又在1866 年秘密拉拢意大利成为同盟。经过这一系列的战争准备之后，他开始采取一系列激怒奥地利的行动，提出了种种荒谬的要求，不是声明普鲁士将接管邦联的大片地区，就是以建立民选议会为由宣布日耳曼联邦必须解散。同年 6 月，战争终于爆发。通过意大利和普鲁士的共同努力，普鲁士很快取得了胜利，奥普战争仅持续了一个多月。溃

---

① 奥地利和普鲁士是当时最有可能统一德意志的种子选手，但总体上奥地利帝国的实力更强一点。所以奥地利为了保证自己在德意志地区老大的地位，千方百计阻止德意志诸侯统一，因为一旦实现统一，奥地利将会相对变弱。

② 俾斯麦对此提出了著名的"漏洞理论"（Gap Theory）：国家运作每天都需要钱，如果预算无法在议会通过，就意味着政府不得支出，国家将要瘫痪。可见，政府预算的立法与其他立法不同，这一特殊性却在1850年的宪法中没有考虑到。此外，宪法中没有提到如果议会与国王产生冲突该怎么处理，这些都属于"宪法漏洞"。为了弥补"漏洞"，国王作为国家的实际掌权者，就有权力在过渡时期调节国家经费。

不成军的奥地利只能黯然地舔舐伤口，不再干涉德意志的内政，而俾斯麦则得偿所愿，愉快地见证北方诸国组成了新联邦。

普鲁士成功证明了自己的实力，颠覆了欧洲的政治格局；短短一个月，普鲁士的国家人口激增，领土面积也更加广阔。曾经被欧洲嘲笑的弱国不复存在，代之而起的是一个强大的威胁。法国非常清楚这一点，在奥普战争期间，拿破仑三世的几位顾问都主张法国"粉碎普鲁士并占领莱茵河"。但拿破仑却犹豫不决；最终，他只是要求俾斯麦归还 1814 年的边界，也就是曾经被法国吞并但在滑铁卢战役后归还给德意志的一大片领土。但俾斯麦绝无可能答应，毕竟，这对于他在国内的名声全然无益！不过，俾斯麦还是需要对法国进行安抚，于是他采取了最无害的措施，仅仅向几个亲法邦国承诺名义上的独立。不出所料，这在法国引起了强烈的不满——整个普鲁士事件让拿破仑三世陷入极度的困境。普鲁士一路欣欣向荣，而拿破仑的声望却一路下滑，形势因此变得愈发糟糕。随着紧张局势的加剧，人们开始意识到，这已经不是是否会爆发战争的问题，而是何时会爆发战争的问题。

俾斯麦对此未置可否。虽然他已经掌控了德国北部的邦国，但他仍渴望统一整个德意志。他深知，各邦国在战争期间往往会团结一致，凝聚爱国主义精神。如果他能够正确行事，那么普鲁士不仅能打败一个全球超级大国，最终还能统一整个德意志。因此，俾斯麦试图故技重施，挑动法国发动战争。在 1867 年至 1869 年三年间，战争似乎一触即发，但法国到底还是没有对普鲁士发起进攻。俾斯麦逐渐变得绝望，此时，西班牙议会向普鲁士亲王利奥波德（Leopold）进言，希望推举他成为西班牙王室新成员并继承西班牙王位。考虑到利奥波德或许无法久坐王位，他本人和普鲁士国王威廉一世（Wilhelm I）都不想接受这个推举。

然而俾斯麦觉得有机可乘了——利奥波德登上西班牙皇位将会同时激怒拿破仑三世及其西班牙妻子尤金妮（Eugénie）二人。他是对的，法国人果然气愤，但是他们依旧没有发动战争。相反，他们派出当时的法国驻普鲁士大使文森特·贝内德蒂伯爵（Count Vincent Benedetti），试着对正在巴德埃姆斯（Bad Ems）小镇度假的威廉一世动之以情晓之以理。

然而这实属多余之举，因为在 1870 年 7 月 12 日，利奥波德突然放弃了王位候选人资格。在巴德埃姆斯小镇这边，威廉一世对自己这位远亲的决定感到高兴。当他与贝内德蒂会面时，他对这场危机的和平解决表示了赞许。贝内德蒂点头称是，但同时也表示，法国希望普鲁士公开承诺永远放弃对西班牙王位的争夺。愉快的气氛顿时显得有点微妙，威廉一世点了点头，一声不吭便转身离开。而在德意志这边，俾斯麦尝试挑起战争的计划再次失败，懊恼泄气的他正谋划着下一步行动。就在此时，一份关于威廉一世与贝内德蒂会面的电报报告送到了他手上。报告称，这次会面实则无伤大雅——两人见了一面，气氛略尴尬但也不失礼貌，仅此而已。但是，这次简单的会面再一次让俾斯麦嗅到了机会的气息。他杜撰了另一版本的事件，声称贝内德蒂与威廉一世对峙，要求普鲁士做出让步；勃然大怒的威廉对他不屑一顾，愤然离去，拒绝与这位法国驻普鲁士大使交谈。俾斯麦随后将这一谎言发布到新闻界，广为传播。7 月 13 日，法国的粗鲁行径和普鲁士对法国驻外大使的轻蔑成了国际新闻。7 月 19 日，恼羞成怒的拿破仑三世调集军队并向普鲁士宣战。最终，普法战争持续了 6 个多月，以俾斯麦和普鲁士王国大获成功而告终。俾斯麦的计谋成功了，武力的确实现了德意志统一，建立起一个崭新的欧洲超级大国。奥托·冯·俾斯麦成功打造了一个帝国的辉煌。

缅因号和新闻大战

　　"你描摹的是图画，我美化的是战争"——1897 年，年轻的报业大亨威廉·兰多夫·赫斯特（William Randolph Hearst）想必对美国画家弗雷德里克·雷明顿（Frederic Remington）说过这话。受赫斯特所托，雷明顿要远赴古巴，描画美西①战争的爆发场景。事实真相是战争简直无从说起，而且在雷明顿看来，美西之间根本不会开战——他迫切想回国去。赫斯特拒绝了他回国的诉求，强硬地表示不管到底有没有爆发战争，他都需要据此作画一幅，在历史上留下一笔，也彰显下媒体佐证的力量。现在来看，赫斯特可能从未提及此事，至少目前尚无证据。但是，这也不代表关于此次战争的错误援引没有一丝真相流露，或者说这并不代表没有证据表明，赫斯特撒下这个谎，实则是为了其报纸的销量。

　　19 世纪 80 年代，"黄色新闻"②引人关注，漫天飞舞的都是诸如"月球骗局"、马克·吐温虚构的家族谋杀案等假到不能再假的消息，

----

① 指美国与西班牙。
② 指具有刺激性、煽动性的报道，缘起于19世纪末的美国报业。

报纸只是用来歪曲事实、胡编乱造、误导大众的工具。所以尽管被赋予了一个新的名头，但是"黄色新闻"诞生初期跟新闻乱象没什么区别，只是语气缓和些罢了。在各种各样的"黄色新闻"中，为首的当属《纽约世界报》（New York World，以下简称《世界报》），它还是几十年前异族通婚丑闻的幕后推手。革新后，约瑟夫·普利策（Joseph Pulitzer）执掌《世界报》，从此这份报纸成为铺天盖地小道消息的大本营。其办公大楼高耸于其他纽约本地报纸之上，普利策对于报业传播的野心也不仅体现在这份《世界报》上，而是剑指全球。直到1895年，赫斯特收购了濒临倒闭的《纽约日报》（New York Journal，以下简称《日报》），挖了普利策的墙角不说，还与其发行直面叫板。这两份报纸为了争抢读者，犹如两兽角斗，普利策和赫斯特都对赢得这一战势在必得，将此一战视作创建自己传媒帝国的敲门砖。你方唱罢我登场，两人都将宝押在了美西两国的敌对态势上——谁能取得这场文字之争的胜利，谁就会笑到最后。

1895年，古巴开始为从西班牙殖民统治下独立而战。由于国界相邻，美国大众媒体在古巴独立战争中都赚得盆满钵满，《日报》和《世界报》这两家也不例外，总是站在古巴起义军一边，发布关于西班牙部队暴行的真假参半的新闻。对于这两家报社来说，新闻报道的标准经常不复存在。例如，在1898年，《日报》记者詹姆斯·克里尔曼（James Creelman）代表报社，主动加入对抗西班牙部队的埃尔卡内（El Caney）一战，并在战役中中枪。还有一位通讯记者，理查德·哈尔丁·戴维斯（Richard Harding Davis），甚至凭借一己之力差点儿爆一场国际事件，1897年，他进行了不实报道，声称西班牙官员在美国轮船上扒光女性衣服、欺辱妇女。西班牙人出离愤怒，并将这一谎言捅到了众议院，最终《世界报》扬扬得意地揭露了戴维斯的谎言，才平息了这一事件。

不管这些虚假新闻带来怎样的余波，若非时间限制，它们将影响成百上千甚至超过百万的读者——可是，这些报业大亨还不满足。1897年，赫斯特围绕一位名叫伊万格琳·西塞斯（Evangelina Cisneros）的年轻美女，精心策划了一场全球性运动，由于父亲是一名古巴起义军，伊万格琳和父亲两人被西班牙人收押入狱。虚构出伊万格琳不屈从于西班牙官员的淫威，勇敢反抗而被逮捕，赫斯特成功引起了高层女性的关注，其中包括当时美国总统的母亲，在让其中一位记者戏剧性地协助伊万格琳越狱之前，预言说这次越狱行动为"还有什么教皇的请愿和紧急要求不能达成……（西班牙）不能在《日报》应该工作的时候，搭建起一座牢笼"。将人道主义宣传作为噱头的都是大新闻，使得《日报》销量猛增，并进一步促使公众意识达成一致，认为美国应该插手古巴独立战争。但是最终，美军并未移动分毫，如果赫斯特、普利策等人想要破天荒的销量奇迹，可能还需要编造一个更大的故事，迫使美国插手战争。

1898 年 1 月，在传媒大亨的大声疾呼下，缅因号带着监控和保护美国权益的使命，启程前往哈瓦那港。2 月 15 日夜，舰上发生意外爆炸，致其沉没，造成 266 人丧生。爆炸刚发生，一名驻哈瓦那的《世界报》记者就拍了一份电报至报社总部，仅一小时后，《世界报》便安排了一支由潜水员组成的队伍去打捞残骸。可是普利策没想到，这支潜水队的拖船被西班牙当局驱逐回来；而《日报》这边幸运得多，据说在美国海军调查潜水队之前，他们的潜水队就成功进入了沉船残骸。《日报》在 2 月 17 日兴奋报道："缅因号遭遇鱼雷，显然，缅因号的倾覆并非偶然爆炸所致……而是西班牙狂热分子所为，或者是西班牙政府派出的特工执行此秘密任务，他事先在缅因号前弹药库吃水线位置布置了鱼雷，并设置好引爆器，以留出时间逃离。"《日报》实际上并不知道情况是怎样的，因为该报的潜水队还没有做好调查的准备。相反，他们只是被扔在港口，这样他们就能第一时间赶到现场。由于遇难船员的尸体还在水里，潜水队所目睹的一切给他们造成了可怕的精神创伤，调查工作进行得十分仓促，并不完备。这些报告与政府派出的潜水队泄露的信息相结合，由于水中能见度低，政府潜水队在初始阶段一度不得不提前取消搜寻任务。《日报》并不知道这"显然"是一枚鱼雷所为，因为手里并未掌握确凿证据，但他们还是发表了文章，把一个可能的原因变成了具体的事实，并宣布西班牙需要为袭击负责。

当美国继续进行官方调查时，《日报》和《世界报》也继续进行着新闻编写活动。赫斯特悬赏 5 万美元搜寻缅因号沉船事故元凶的下落，而《世界报》则宣布这是西班牙"恐怖主义"所为，并公布了一艘船可能袭击这艘军舰的所有方式的图表。到 21 日，有报道称，与西班牙的战争迫在眉睫，并附有船员溺水惨状的插图和死难者家属声泪俱下的采访。由于两家报纸在文章和插图方面提供了最多的内容，他们的报道被美国和国际媒体所采用，"西班牙炸死无辜船员"的角度成为默认叙事角度。次月，美国海军公布了调查结果，认为潜水员发现的证据不足以佐证事件的真实性；然而，爆炸最有可能的原因是缅因号意外撞击一枚水雷，引爆了位于舰艇前方的弹药库。至关重要的是，不知道这颗水雷是谁布下的——它可能是新的，也可能已经在港口存在很长时间了。

> **普利策奖**
>
> 约瑟夫·普利策余生都在为在缅因号事件中所扮演的角色，以及对新闻道德的背弃而自我挣扎、自我和解。也许是为了弥补，约瑟夫·普利策在遗嘱中要求以他的名义设立一个奖项，以表彰新闻界的卓越表现和公共服务，这就是众所周知的普利策奖。自 1917 年设立以来，普利策奖不断扩大，如今还包括诗歌、音乐和摄影等其他领域的奖项。

这份报告在国会审议过程中一直处于保密状态，在等待最终裁决的同时，《日报》和《世界报》又开始从西班牙的巨大阴谋到西班牙的水雷等各种事情进行推理。整个 3 月，麦金利（McKinley）总统一直推迟向公众发布报告，因为他想通过外交手段结束古巴独立战争，避免进一步的流血冲突。然而，"黄色新闻"的行动加剧了美国发动战争的公众压力，如果政府将缅因号事件报告交给媒体，他们必然会把一枚来历不明的水雷添油加醋成来自西班牙，战争自然不可避免。然而，来自国会的压力意味着该报告必须公开。3 月 25 日，《日报》头版写道："西班牙有罪！漂浮的水雷是罪魁祸首！"公众立即发出强烈抗议——"记住缅因号！让西班牙见鬼去吧！"大多数美国人无法理解为什么他们的总统允许这样一场袭击发生，却不用为此付出任何代价。随着两国关系紧张加剧，麦金利要求西班牙允许古巴独立；作为回报，西班牙放弃谈判，美国海军形成了封锁。4 月 23 日，西班牙宣战，美国于 4 月 25 日跟进。最终，美国取得了胜利，获得了对古巴、波多黎各和关岛的实际控制权。

德雷福斯事件

"我控诉！"这句话后来在全国范围内引起了轰动，并导致了重大分歧，但在 1898 年 1 月 13 日，这只是法国《黎明报》（*L'Aurore*）当日的头版头条。小说家埃米利·左拉（Émile Zola）的一封公开信，引发爆炸性新闻，他指控法国军方和政府错误地监禁了阿尔弗雷德·德雷福斯（Alfred Dreyfus），制造伪证，故意传播反犹太主义意识形态。这些惊天指控，不仅开启了调查的闸门，从此一发不可收拾，还引发了一系列真正改变世界的事件。

深处旋涡中的主人公，普通得不能再普通。阿尔弗雷德·德雷福斯，1859 年出生于阿尔萨斯 - 洛林（Alsace-Lorraine），是一个犹太大家庭中最小的孩子。普法战争后，阿尔萨斯 - 洛林被德国吞并，德雷福斯一家被迫离开这里。由于这段战争经历，德雷福斯快速加入了法国军队，他聪明过人，被挑选参加了一些军方最高级的训练项目。到 1892 年，已官至上尉军衔的德雷福斯在总参谋部谋得一个实习岗位。然而，尽管德雷福斯在工作中不断获得赞誉，但由于犹太血统和信仰，还是不断受到排挤。犹太军官在军队中只占极少数，与德雷福斯同时服役的只有 300 人左右，但他们的存在却引起了极大的争议。

整个19世纪80年代，欧洲大部分地区都经历了反犹太情绪的疯涨，部分原因是备受瞩目的国际新闻事件，比如奥匈帝国的血祭诽谤案（即犹太人用小孩的血祭祀），它重新激起了一场阴谋狂潮，类似于15世纪特伦特的西蒙案。与此同时，一系列大屠杀席卷沙俄，沙皇亚历山大三世（Tsar Alexander Ⅲ）宣布立法废除犹太公民的权利。德雷福斯和他的犹太同胞所经历的只是冰山一角，这些确实发生的，针对士兵的暴力事件层出不穷。

正是在这种误判的恐惧和不信任气氛中，法国人发现队列中竟窝藏着一只"老鼠"①。1894年夏末，一封揭发信件显示，法国军方的某个人一直在向德国军事参事马克西米利安·冯·施瓦茨科彭（Maximilian von Schwartzkoppen）泄密。一场寻找叛徒的疯狂调查随即展开，矛头很快便指向阿尔弗雷德·德雷福斯。他在总务处的职位意味着他有机会获取信息，同时又来自阿尔萨斯－洛林，如今那里是德占地区，而且，他是犹太人，不被信任——这就是证据，这一切就足够了。尽管德雷福斯坚称自己无罪，但他还是被判犯有叛国罪，并被判在魔鬼岛（Devil's Island）终身监禁。关于德雷福斯遭逮捕和判决的消息一直占据新闻头条，1895年1月，德雷福斯被公开剥夺军衔，当时约有两万人围观，他们高喊着"去死吧，犹太人"。对德雷福斯的谴责是军队、政府和反犹太组织的胜利，但也有一个障碍。在有罪判决宣读后不久，法国军方才得知真正的罪犯另有其人——费迪南德·瓦尔辛·埃斯特哈齐（Ferdinand Walsin Esterhazy）。

埃斯特哈齐是一个贵族家庭的私生子，由于这个原因，他在部队

---

① 也有叛徒的含义。

中晋升无望。这个人嗜赌成性，钱财挥霍一空后，便开始向施瓦茨科彭出售机密。1896 年，法国情报部门的新任负责人，陆军中校乔治·皮卡尔（Georges Picquart）发现了大量证据指向埃斯特哈齐与此案相关。然而，他的调查工作随即受阻，被匆忙解职后调往突尼斯。这并不意味着皮卡尔不再伸张正义，德雷福斯的家人也没有停止申诉，他们向军方投诉了埃斯特哈齐。消息传开，最终在 1898 年 1 月，为了避免这一事件变成一桩彻底的丑闻，埃斯特哈齐被送上了法庭。但这在很大程度上是作秀，尽管有不利的证据指向他，但如果埃斯特哈齐被判有罪，对军方来说实在下不来台，所以在 1 月 11 日，他被无罪释放了。这也促使埃米利·左拉发表了《我控诉》，他在文中宣称："真相近在眼前，终将见光。"

　　接下来又发生一连串虚假事件，将涉案人员甚至整个国家分成两派。支持德雷福斯的人谴责这是个人权利丧失的一个事例，而坚持认为德雷福斯是叛徒的人则从更为激进的民族主义角度出发——这是一场捍卫法国灵魂之战，像德雷福斯这样的犹太人并不属于这段光辉的历史遗产。同年 2 月，左拉被逮捕，并被判犯有诽谤罪，而皮卡尔也被指控伪造证据，诬陷埃斯特哈齐。反犹太骚乱在法国各地爆发，然而随着时间推移，新的泄密事件接二连三，各类报纸刊发了更多针对埃斯特哈齐的证据。法国战争部长戈德弗罗伊·卡维尼亚克（Godefroy Cavaignac）被征召重新调查此案。1898 年 7 月 7 日，他公开陈述了德雷福斯有罪的最终证据，其中引用到 1894 年的原始信件，以及 1896 年的一封信，信中显示意大利和德国的使馆随从讨论到德雷福斯成功进行了间谍活动。皮卡尔要求重新检查这些信件，因为他知道这些都是伪造的，于是 8 月完成了再次检查。事实证明皮卡尔是对的，当皮卡尔把这封 1896 年的信件在灯光前照射，可以看出实际上是多封信粘贴在一起——属伪造信件无疑。

左拉阴谋

1902 年，埃米利·左拉被发现因一氧化碳中毒，死于家中。立刻，阴谋论开始了——他是否因为无法接受德雷福斯的有罪判决而自杀？他是被犹太复国主义者杀害的吗？1953 年，有报道称，一位反对德雷福斯德的炉具安装承包商临终前认了罪。他在左拉邻居家中工作，利用这个机会往左拉家的烟囱里塞东西，导致了一氧化碳泄漏。目前还不清楚这是否是真的，但很多人都认为这就是事实。

皮卡尔的前副手，陆军中校休伯特 - 约瑟夫·亨利（Hubert-Joseph Henry）也是罪犯之一。亨利于 8 月 30 日被拘留，并对自己的罪行供认不讳，然而，第二天，他被发现死在牢房里——显然是畏罪自杀。反犹太报纸《自由言论报》（La Libre Parole）发起了一场宣传活动，将亨利誉为"为法国鞠躬尽瘁的殉道者"，并为"亨利纪念碑"筹集了超过 2.5 万笔捐款。与此同时，埃斯特哈齐已逃往英国。9 月，他向英国《观察家报》（Observer）编辑雷切尔·比尔（Rachel Beer）认罪。阿尔弗雷德·德雷福斯是无辜的——无论是否从法律的角度看来，他都是无辜的。法国政府不能再不顾民族主义团体的压力，拖延下去，1899 年 6 月，德雷福斯 1894 年的军事裁决被推翻。当时还是囚犯的德雷福斯被送回法国进行第二次审判，但法庭做出了一个奇怪的举动，似乎不顾一切地取悦民族主义者，德雷福斯仍被判犯有叛国罪，但有"减刑行为"。德雷福斯对此提出上诉，并被告知将被赦免，前提是他需承认自己的罪行。在魔鬼岛的那段时间让德雷福斯筋疲力尽，身体虚弱，他只想尽快回到妻子和孩子身边——无奈接受了这些条件。

最终，在 1906 年，德雷福斯被正式宣布无罪，他几乎立即重新加入了法国军队。尽管如此，他仍然是反犹太主义仇恨的焦点，1908 年，甚至成为暗杀的目标。事实上，反犹太主义此后还将继续处于高度发酵状态，其残余还将以一种极为恶劣的形式出现。

第五部分　二十世纪

集中营的谎言

1901 年，赫伯特·基奇纳（Hebert Kitchener）面临着相当大的压力。他刚刚接任第二次布尔战争（the Second Boer War）的英军总司令，试图扭转布尔游击战的势头。然而，不知怎的，战术的突然变化并不是他心头最大的刺，这项荣誉属于康沃尔郡的一位中年妇女——艾米丽·霍布豪斯（Emily Hobhouse），或者用基奇纳的话说，"那个该死的女人！"

在霍布豪斯介入前，布尔战争局势已稍显混乱。19 世纪中期，许多荷兰后裔从南非的英国开普殖民地区迁移过来，建立了他们自己的独立共和国德兰士瓦（Transvaal）和奥兰治自由邦（the Orange Free State）。这些新国家的国民被称为"布尔人"（Boers）——这个词是荷兰和南非语中对农民的称呼。然而，英国人并不甘心让这些共和国脱离自己的控制，并试图将它们纳入英属地，这也导致了 1880 年第一次布尔战争爆发。布尔人赢了，但英国佬显然没有放弃，尤其是布尔人的土地上蕴藏着丰富的钻石和金矿。1896 年，有人企图推翻德兰士瓦政府，毫无意外，这也导致德兰士瓦与奥兰治自由邦结盟。英国为自己的损失感到难堪，又迫切渴望从黄金贸易中获利，早已做好了开战准备。而对外官方说法是，这场战争是为了防止布尔人占领南非，保护所谓的"卡菲尔人"（Kaffirs，非洲黑人）免遭布尔人蹂躏。但实际上，1899 年 10 月爆发的第二次布尔战争，至少对英国来说，真正的战斗是为了骄傲、权力和金钱。

1900 年 9 月，布尔人最后一个主要城市沦陷，英国人认为自己赢了。任务完成后，其总司令返回英国，将统治权移交给基奇纳，后者负责清理残局。不幸的是，英国人大错特错了。战争远没有结束，布尔人只是改变了战术，适应了游击战术。为了解决这个问题，基奇纳选择了焦土策略，烧毁房屋、庄稼和物资。这使得许多妇孺无家可归，因此开始建造难民营来安置他们。难民营规模很快扩大，也接纳投降的布尔人，有了这种合适的方式，英国人没过多久就想出了另一种利用集中营系统的方法。

用基奇纳的话说，"留在农场的妇女为布尔人提供了完整的情报和我们所有的动向，并为附近的突击队员们提供了食物"——这些妇女和布尔士兵一样都是威胁，因此决定将她们和她们的孩子合围起来，关进集中营。使用集中营并不是什么新鲜事了，在古巴独立战争期间就很普遍，现在，布尔战争将是近年来第三次使用这种战术的主要战争。1901 年，集中营扩大到布尔人生活圈之外，还包括被双方用作奴隶、仆人和征召入伍的黑人。到 1901 年 6 月，英国人记录在册的有 85410 名囚犯在白人集中营，32350 名囚犯在黑人集中营。

早在当年 1 月，反战活动家艾米丽·霍布豪斯设法获得了参观一些集中营的准入证。军方仅允许她参观少数白人集中营，但这就已足够了。1901 年 6 月回到英国后，霍布豪斯发表了《对开普地区和奥兰治河殖民地妇女和儿童集中营的访问报告》（*Report of a Visit to the*

Camps of Women and Children in the Cape and Orange River Colonies）一文，引起轩然大波。根据霍布豪斯的说法，难民营里，疾病频发，营养不良普遍，卫生条件极差，再加上缺乏医疗救护，这意味着母亲们只能眼睁睁看着自己的孩子奄奄一息，什么也做不了。简而言之："让这些集中营继续存在下去，是对孩子们的蓄意谋杀。"然而，霍布豪斯报告中的悲惨描述与政府传达给英国公众的内容大相径庭。他们承诺这些难民营是战争环境下自愿加入的安全港湾，会确保所有难民得到人道主义援助。可这竟是个谎言。

当霍布豪斯在编写她的报告时，基奇纳命令英国陆军少校乔治·古德温（George Goodwin）也做了调查。他发现"人们赤足而行、衣衫褴褛"，集中营里根本没有卫生设施或任何掩蔽处，儿童中腹泻和麻疹的流行程度很高，却根本没有现代医疗手段能给予对应治疗。每周都有成千上万的人被带到集中营，可是现有俘虏都已经照顾不过来了，这些新人很快发现自己淹没在泥泞、疾病和死亡中。当霍布豪斯写道，她目睹了"除了大瘟疫时代，前所未有的高死亡率……整段文字都与死亡有关……谁昨天死了，谁今天会死，谁明天将死……"这对英国军方来说并不是新闻，而是古德温版报告的外部佐证。然而，他们几乎没有采取什么措施来改善这一状况，相反，军方选择审查一切，并通知政府，使得民间救助和支持完全无法有效开展。

然而，正如经常发生的那样，随着 1901 年 6 月霍布豪斯报告的发表，真相终于大白于天下。英国公众对此感到震惊，议会也迅速要求做出回应。战争大臣圣约翰·布罗德里克（St. John Brodrick）宣布，全部集中营里共有 63127 人——不知道他说的是不是实话，也或许他没有得知真正准确的数字，这都无从考证，但布罗德里克轻描淡写了问题的严重性。时至当日，被监禁人数约为 117760 人。反对派领袖劳埃德·乔治（Lloyd George）指责英国政府和军队奉行"屠光妇女和儿童的政策"。这不是一种大屠杀政策，却是一种会导致这种后果的政策。布罗德里克对此不屑一顾，回答说自己听说真实情况并没那么糟。也许对这种形式的政府辩护最好的概括是温斯顿·丘吉尔（Winston Churchill）在 1901 年 6 月 28 日接受《泰晤士报》采访时说："他们（反对派）会拒绝为留在哀鸿遍野之地的布尔妇女和儿童承担责任吗……让妇女们饥寒交迫，在废墟中等死？这样的想法源于以下观点：于是，我们来到集中营，真诚地相信那里的苦难最轻。"是的，难民营情况糟糕，没错，人们正在死去，但这是最人道主义的选择——显然，没有中间地带。

在这一片失准政府数据和无理争论中，至关重要的东西被忽视了——成千上万的黑人还被关押在集中营里。争议的是，那里的条件比白人集中营还要糟糕得多。为这些集中营提供物资的优先级较低，就算是为英国军队运送酒精的优先级也往往高于为黑人集中营运送食品和药品。1901 年 3 月，据记载，一个集中营的食物非常稀缺，囚犯们被迫吃掉附近早已腐烂的动物尸体。然而艾米丽·霍布豪斯并没有见过这些集中营，所以尽管她表示那里的条件应该很糟糕，但是俘虏们的真实困境没人见过，因此，也没人关心。相反，媒体对集中营的报道完全集中在可见的白人妇女和儿童集中营上。在某种程度上，对于英国政府来说，这是一场政变，他们将集中营变成了一个"女性问题"。他们利用了像霍布豪斯一样的女性并不理解战争残酷的观念，这就是为什么她们觉得集中营如此野蛮，然而，就像在家里一样，女人的加入可以创造奇迹，所以政府同意成立一个妇女小组，研究如何改善集中营状况。

显然，艾米丽·霍布豪斯理应是候选人第一顺位，但她没有被允许加入这个团体。她已经证明自己太直言不讳了。相反，政府选择了米莉森特·福西特（Millicent Fawcett），一位争取妇女选举权的社会活动家，她刚刚为《威斯敏斯特公报》（*Westminster Gazette*）写了一篇文章，为集中营辩护，称其存在是"有必要的"。1901 年 7 月，在其主导下，福西特委员会开始调查集中营——值得注意的是，尽管霍布豪斯敦促，该委员会仍认为只有必要报告白人集中营的情况。福西特委员会的调查结果与霍布豪斯的调查结果一致，但有一点明显不同，霍布豪斯指责英国军队和政府缺乏物资、药品和住所，导致儿童死亡率高，但米莉森特·福西特认为，母亲们至少要承担部分责任。她说，布尔妇女没有现代医疗保健的概念："集中营中的高死亡率直接或明显是由布尔妇女给她们的孩子服用有毒化合物造成的。大多数被监禁的妇女除了能用凑合的民间方子治疗外，无法获得更好的药物，这一原因被忽略了。"当福西特的报告在 1902 年发表时，她的指责受到了许多媒体的关注。英国将这些被囚禁的母亲作为替罪羊，基奇纳也指责她们："我们不可能与忽视母亲的罪行做斗争，我不喜欢使用武力……但我在考虑是否可以不以过失杀人罪审判一些最严重的案件。"

> **失去生命**
>
> 在白人集中营中，死亡人数超过 2.6 万人，其中大多数是儿童。不幸的是，在黑人集中营里，确切的死亡率却未知，由于在俘房人数记录问题上毫无建树，保守估计至少有 2 万人失去了生命。

最终，英国政府同意按照福西特委员会的建议采取行动，改善集中营的条件。但是已经太迟了，投入也极少，因为布尔战争于 1902 年 5 月行将结束，这也意味着集中营条件只开始改善了几个月，就被完全关闭了。英国政府拒绝承认艾米丽·霍布豪斯的说法，军方公然试图进行审查，以及散布在双方间的大量谎言，导致了数以万计的死亡。

《锡安长老议定书》

德雷福斯事件发生后没几年，一份名为《锡安长老议定书》（The Protocols of the Elders of Zion）的文件在俄国浮出水面。这本冗长的书描述了几个世纪以来犹太人一直在秘密操纵国际事务，并提出一个统治世界的计划。它实为一件赝品，是19世纪反犹太主义的科学怪人汇编的最畅销作品，但赝品不代表没有杀伤性。毫不夸张地说，数百万人因它而死。这本书引发了大屠杀，为种族屠杀铺平了道路，仍然以白人至上主义运动为主要内容。但是为什么它会问世呢？又是什么让它大行其道呢？

我们仍然不知道《锡安长老议定书》的确切来源。然而，在多种理论中，大多数历史学家都认为它成书在1898年德雷福斯事件高潮和1903年俄国大屠杀浪潮开始期间。最可能的解释是，它是由俄国保守派和德雷福斯事件发生时在法国进行操盘的秘密警员所写。书中大部分文本直接摘自反德雷福斯的出版物，其中有9个章节严重抄袭了法国政治讽刺作品《马基雅维利与孟德斯鸠在地狱的对话》（The Dialogue in Hell Between Machiavelli and Montesquieu）。事实上，在1902年，当保守派俄国记者米哈伊尔·奥西波维奇·曼什科夫（Mikhail Osipovich

Men'shikov）披露了一个 3000 年前的"反人类秘密阴谋"时，他将其溯源至法国。据称，一名法国记者从尼斯的一个犹太人秘密金库偷走了一份"厚厚的手稿"，并将其交给了一名居住在法国的圣彼得堡女子。这位妇女随后将手稿翻译成俄语，而这份俄语译本成为 1903 年在俄国出版的《锡安长老议定书》首版。而那份被认为是最原始的法语手稿却再也没有出现过，也没有具体的证据可以让我们对这位神秘女子有一个确切的了解。

1903 年《议定书》在俄国首次出版之前，该国在文化理解和对待犹太人态度方面经历了一系列快速变化。1881 年 3 月 13 日，沙皇亚历山大二世被反沙皇组织"人民意志"暗杀。在亚历山大二世统治时期，他试图让犹太人社区摆脱种族隔离，帮助他们融入俄国社会和文化。然而，在他死后，一切又迅速逆转。谣言四起，说实际上是犹太人杀死了亚历山大二世。大屠杀随即爆发，1882 年，亚历山大三世颁布了一系列反犹太法律，限制了犹太人在俄国的居住区域、财产权，以及商业活动。在这一切之中，血祭诽谤阴谋的复兴，进一步加深了对犹太族群的怀疑和仇恨。作为回应，随着俄国的犹太人大举迁移，寻求更好的生活，出现了大规模移民潮。但对于那些留下来的人来说，随着 20 世纪的到来，情况变得更为糟糕。

1903 年复活节，基什涅夫市（Kishinev，现在摩尔多瓦共和国的基希纳乌）触发了多米诺骨牌，导致大屠杀在俄国蔓延。在之前的几年里，该市最受欢迎的报纸《比萨拉比亚日报》（Bessarabetz）在主编帕维尔·克鲁什万（Pavel Krushevan）的领导下，大放厥词，头条尽是"犹太人下地狱！""向可恶的种族开战！"之类。1902 年，克鲁什万第一次尝试报道一个血祭诽谤的故事，但这条假新闻没能掀起什么波澜。然而，

1903 年他更加肆无忌惮——该报编造了一个精心策划的谋杀阴谋，将发生在 2 月的一个男童死亡案与近期发生在基什涅夫医院中一个女孩的自杀与犹太人联系起来，并声称孩子们的血将在逾越节期间使用。因此在 3 天的时间里，49 人丧命，数百人受伤，千余栋房屋被夷为平地。基什涅夫大屠杀虽引起了国际社会的强烈抗议，但几乎没有国家对此采取任何行动。当美国的犹太组织安排援助并协助移民时，沙皇尼古拉二世（Nicholas II）却袖手旁观。部分原因是俄国政府对"犹太人问题"压倒性的态度——在尼古拉二世和他的拥趸心目中，俄国犹太人不是真正的俄国人，他们是外来族群，必须受到压迫制裁。如果保护他们免受大屠杀和暴力侵扰，那只会导致蓬勃发展的右翼民族主义运动反弹——惹这么大的麻烦并不值得。

《凡尔赛条约》

1919 年 6 月 28 日签署的《凡尔赛条约》是结束第一次世界大战缔结的几项条约之一。然而，值得注意的是，其中一个条款基本上让德国成为唯一为第一次世界大战兜底的国家，土地、资源和军事实力严重受损，最重要的是——巨额赔款对于德国经济相当于釜底抽薪。到 1923 年，恶性通货膨胀严重侵蚀了国家的财政状况，货币贬值到街上随处可见拿它当玩具的孩童。

缺乏明确的行动或制裁只会让情况更甚。1903 年夏天，帕维尔·克鲁什万在主编的另一份报纸《青年旗帜报》（Znamya）发行了第一版

《锡安长老议定书》，并在整个 8 月和 9 月连载。从那时起，《议定书》在俄国境内的出版如滚雪球般暴涨，尤其是 1905 和 1906 年。1905 年 1 月，第一次俄国革命爆发，紧张局势的加剧导致了另一波大屠杀。尼古拉二世还是没有采取行动。但这一次，是因为大屠杀极大地分散了人们的注意力，就好像人们在对俄国的犹太人实施暴力后，便不会再把精力集中在犹太人身上。这与其说是国家批准的反犹太主义运动，不如说是国家默许的，这也是为什么在 1903 至 1906 年期间发生了大约 650 次大屠杀，许多人目睹了地方当局和警察的积极参与。

到 20 世纪 20 年代，《锡安长老议定书》已经传遍全球，它的译本出现在世界各地的书籍和报纸上。1903 年至 1906 年的大屠杀潮后，越来越多的犹太人从俄国和东欧移民到美国，这一波移民潮并没有完全停止，许多国家仍在努力应对新涌入的人口。这与第一次世界大战的余波结合在一起，《议定书》很快就被那些同时接受大量涌入的犹太人，并且在情感和经济上受到战争破坏的国家所接受。其中最突出的非德国莫属。《议定书》就是解释他们输掉第一次世界大战、被迫签订《凡尔赛条约》以致对国民经济造成毁灭性打击，以及爆发 1918 至 1919 年德国革命混乱的出口。德国不该受到责备，一切都是犹太人的阴谋。《议定书》在 1919 年席卷市场并非巧合，那一年的德国在心理上极为脆弱，迫切需要找到一只替罪羊。

这并不是说当时人们不知道《议定书》是伪造的。1921 年 8 月，英国《泰晤士报》发表了确凿的证据，表明《议定书》实为谎言。但在阴谋论的海洋中，这些声音无法掀起涟漪。历史学家沃尔弗拉姆·梅耶·祖·乌普特鲁普（Wolfram Meyer zu Uptrup）博士估计，从 1920 年开始，随着国家社会主义德国工人党（后来被称为"纳粹"）的成立，其党报《人民观察家报》（*Völkischer Beobachter*）上有关犹太人的文章七成都包含了《议定书》中的内容。事实上，《议定书》将成为纳粹意识形态和政策的一个主要特征，渗透在教育、媒体、立法的方方面面。

暴力宣传

从 1914 年 7 月底到 8 月，许多国家以空前的速度卷入了第一次世界大战。1914 年 6 月 28 日，奥匈帝国皇位继承人弗朗茨·斐迪南大公（Archduke Franz Ferdinand）被一名塞尔维亚民族主义者暗杀。7 月 28 日，奥匈帝国向塞尔维亚宣战，德国很快站队。在接下来的一个月里，法国、俄国和英国组成了对抗盟军，至此战线已经划定。随着这 5 个欧洲大国的参与，这场战争将不仅限于欧洲范围内，在接下来的几个月和几年里，每一方都想努力将美国和中国等国家拉入战争。但在 1914 年 8 月，当务之急仍在国内。任何国家要想取得胜利，都需要本国人民不仅支持战争，而且愿意参战，如果需要，甚至愿意为国捐躯。宣传机器在欧洲迅速运转起来。

开局并不顺利。以英国为例，一战结束时，它可以称得上是最伟大，或者说最冰冷无情的宣传机器，但一开始也磕磕绊绊。英国加入了这场战争的部分原因是《伦敦条约》授予比利时中立地位，并呼吁欧洲的"巨头们"来守护比利时。8 月 4 日，德国入侵比利时，单方面打破协定，违反了欧洲条约和国际法。在英国，人们认为这个理由足以让国家对此宣战。一纸条约，绝不仅是废纸，它是国际法和世界和平的象征，也是每一个英国人都达成共识、值得为之战斗甚至牺牲的情结！

不幸的是，人们很快就发现事实并非如此，这种模糊不清的国际政治词汇，并不足以影响国家为此召集军队。

为了让公众接受，显然需要再出奇招，动之以情。德国入侵比利时十分血腥残酷，截至 8 月 8 日，近 850 名平民丧生，其中很多人被当街处决。至 8 月底，德军开始对城镇、乡村实行烧光、抢光政策。这种流血事件，正是英国宣传机器一直以来追逐的人道主义角度。可20 年前将家园夷为平地、将家庭驱逐出境、将平民屠杀殆尽，英国在布尔战争中也扮演了这一角色，布尔战争时任统领基奇纳如今官拜英国战争大臣。于是，一个新的焦点被抓住不放——性暴力，随着德军入侵比利时，被正式命名为"蹂躏比利时"。

机器背后

加拿大小说家兼政治家吉尔伯特·帕克爵士（Sir Gilbert Parker）负责英国对美国宣传喉舌，约翰·冯·本斯多夫伯爵（Count Johann von Bemstorff）负责德国的对美宣传事务。尽管他们开局都不错，但本斯多夫伯爵资助在美宣传通讯的资金被拒，这让帕克爵士得以在 1915 年中期占领市场。雪上加霜的是，一个装满德国喉舌计划的公文包在纽约地铁上被偷，并遭泄露，这也失去了德国获得任何国家青睐的机会。

这并非没有先例，比如在入侵期间，曾有报道称比利时妇女和女孩遭到强奸和肢解。然而，应该注意的是，这些穷凶极恶的案例实为少数孤立案例。但是，根据英国的说法，情况并非如此，英国编造了

有计划有组织的故事，似乎所有德国士兵都参与其中。1914 年底，英国作家威廉·勒奎克斯（William Le Queux）将德国军队描述为："一大帮开膛手杰克，嗜血狂欢，放浪形骸……无情侵犯和杀戮手无寸铁的老弱妇孺。"这个广泛存在的性暴力概念在协约国间形成象征，并逐渐被程式化为卡通和海报加以宣传。发行战争债券以及征兵宣传海报上，十分罕有地以遭攻击的女性形象作为隐喻。比利时和法国女性的苦难完全变了味道，那些真实的故事和为了战争而捏造的暴行也越来越难加以区分。

德国当然对被国际社会贴上如此标签表现出不满，1914 年 10 月，德国召集了国内最知名的文化和知识分子联合发布声明，揭露盟军散布的"谎言"。《九三宣言》（*The Manifesto of the Ninety-Three*）声明德国从未对比利时平民犯下罪行，但其中还指出，如若发生暴力事件，定是平民犯错在先。尽管这在德国获得了公众的支持，但在其他国家却毫无作用。1915 年，不死心的德国又发布了《白皮书》（*White Book*），据称这是一份对公民和军队犯下罪行的报告，其中包括了比利时平民对德国士兵施虐的行为，包括挖眼珠、阉割等各类罪行。《白皮书》的大部分内容为精心捏造，错误地阐述事件，忽略对自己不利的证词，大肆篡改信息。可这都没妨碍它在德国流行开来，报纸甚至报道过一个无意中捡到一桶德国士兵的眼球的小男孩，一个戴着死人的戒指项链的法国牧师，用德国雪茄交换炸药的比利时人等。

1915 年，又开始了一种新的玩法——拉拢中立国。荷兰已经明确表示打算保持中立，就看另外两国——美国和中国被拉入哪个阵营。这又是一场文字战军备竞赛，在以英国为首的同盟国，和德国与其盟友之间展开。第一站是美国。1915 年 5 月 7 日，英国卢西塔尼亚号远洋客轮（RMS Lusitania）被德国 U 型潜艇击沉，无辜丧命的旅客和船员逾千人，其中有 123 名美国人。德国坚称攻击正当，因为该客轮运有军火，但英国声称这是德国暴行和其"野蛮"的另一例印证。客轮沉没后不久，德国艺术家卡尔·戈茨（Karl Goetz）制作了一枚讽刺纪念章，嘲讽英国利用客轮运送军火的行为。然而，戈茨不小心将奖章上的日期错写为 1915 年 5 月 5 日。于是英国抓住这处错误大做文章，信誓旦旦表示这就是德国早有计划袭击美国公民的铁证，还提前设计制作了这些奖章授予参与人。

英国的另一次胜利，也是一次宣传上的妙招，英国护士伊迪丝·卡维尔（Edith Cavell）的出现恰逢其时，当年 8 月，她帮助协约国囚犯逃离被占领的比利时后，被德军抓获。英国的宣传机器在美国大肆鼓吹，发起了一场运动，要把这位"无辜"的妇女从德国"野蛮"的魔掌中解救出来。最终，卡维尔同年 10 月被处决，英国政府不惜花费 12 万英镑为她的遇害造势。于是一个虚假的故事又出现了：被处决时，卡维尔昏了过去，可是一名德国军官仍向失去意识的女子开枪。1915 年 10 月 23 日，《纽约世界报》宣称卡维尔之死"比犯罪更可怕"！接下来的几个星期里，她被视为烈士。德国试图为自己辩护，但在卢西塔尼亚号海难造成的紧张局势之下，这是一场注定会输的战争，德国已经失去了拉拢美国或至少让其继续保持中立的机会。

此外，看起来中国这边成功的可能性更大。战争爆发伊始，德国、法国和英国都竭尽全力渗透到这个东方古国的舆论之中，尽管英国努力从其殖民统治区域消除德国元素，但德国还是保持其存在感。德国宣布将使用无限制潜艇加入作战时，情况发生了改变。1917 年 2 月 17 日，一艘德国潜艇摧毁了法国船只阿索斯号（SS Athos），并杀害了 500 多名中国劳工。3月中国的舆论已转为反对德国，紧接着4月，美国又给予德国一击，当时美国开始协助协约国在中国进行大量反德宣传。

这也导致了令人难以置信的可怕骗局。早在1917年2月，《字林西报》（*North China Daily News*）曾报道德国人建造了一个"尸体处理工厂"，德语是"Kadaververwertungsanstalt"，里面将士兵尸体熔化后制成甘油。同年4月，这个故事以更血腥的细节再度发表。英国《泰晤士报》和《每日邮报》（*Daily Mail*）提供了一手资料，披露该工厂如何将德国士兵变成"油、脂肪和猪食等"。事实上，故事的源头最初来自一份德国报纸，上面描述了动物尸体被作此用。英国的宣传办公室只是把德语单词"Kadaver"换成了与人类遗骸发音相似的"Cadaver"一词。这个简单的谐音变化在国际社会引发热议，德国方面很快就指出这实为谎言，但为时已晚。中国政府高层已有所耳闻，对此大为震惊，8月便正式宣战，并加入协约国阵营。

第一次世界大战结束后，英国的宣传者们在晚宴上争抢"尸体工厂骗局"的功劳，这既表明了宣传对战争的重要性，也表明了撒谎是多么容易。对于胜利者来说，没有立竿见影的后果，而失败者却首当其冲。第一次世界大战普及了暴力宣传这一手段，这个手段在历史上一直存在，但却从没有被这么多国家如此利用。如果你可以妖魔化敌人，然后证明——不管真假——他们做出这些无法想象的事，就可以轻易把他们变成一个必须被消灭的怪物。这是一种迅速获取支持、组织行动的巧妙手段——这是一种心理战，通常只有在完成应起到的作用后才会被识破。第一次世界大战将暴力宣传推到了全新高度，证明了其价值，从那时起，它成为国际政治和战争的关键部分之一。

关于西班牙流感的新闻审查

1918年9月28日，20万人聚集在费城市中心，庆祝第一次世界大战即将停战，并为美国战争债券筹集资金。当游行队伍穿过街道，人群欢呼雀跃时，可怕的事情也在悄悄蔓延。庆典结束后不到72小时，费城的医院便出现饱和。当时"西班牙流感"肆虐，在游行花车被清理的6周后，估计有1.2万人死亡，该市的殡仪馆甚至无法处理大量运送来的尸体。如今大家可以说，全球大流行病的发生没有最佳时机，但所谓的西班牙流感却来得不是时候。

1918年年初，在美洲、欧洲和亚洲发现了零星几例我们现在知道是一种流感病毒感染的病例。这些病例中最为人所熟知的是阿尔伯特·吉切尔（Albert Gitchel），他是堪萨斯州一个军营的厨师。1918年3月4日，他被诊断患了当时神秘的疫病，引发了第一波感染。那是第一次世界大战的最后一年，士兵们在拥挤不堪、卫生条件极差的条件下往返于各国之间。吉切尔所在军营的士兵就处于这个情况下——那些在疫情暴发中幸存下来的士兵被送回前线，其中一些人可能在不知不觉中被感染了。很快，疫情在英国、法国、意大利和西班牙的部队中蔓延，是年初夏，中国、澳大利亚、北非和印度也出现了病例。

随后在 8 月，又出现了灾难性的第二波感染。中美、南美、西非和南非也加入了疫情传播的行列；而到了 9 月，几乎整个欧洲都染了疫。最糟糕的是，这种病毒的致死人群是年轻人，其中 5 岁以下，25 到 40 岁之间，以及 65 岁以上人群最易感——在战争最残酷的时候幸存下来的士兵们，却最终死于这个流感。据估计，全世界约 1/3 人口感染了这种病毒，至少造成 5000 万人死亡，大部分死亡病例发生在流感的第二波高峰期，而这一数字原本是可以没有这么高的。

正如我们前面看到的，在西班牙流感流行的时候，许多参与第一次世界大战的国家都在积极进行新闻审查。流行病肯定会降低公众的士气，这是任何政府都不希望看到的，所以大多数处于战争中的国家都将流感有关报道增加到审查范围内。一位芝加哥公共卫生专员对这种立场的描述颇为恰当，他说，战时最重要的是"不做任何干扰民众士气的事情……我们的职责就是让人们远离恐惧"。忧虑致死的人比传染病还多。这种说法背后的逻辑是站不住脚的。然而，最初的审查措施可以进行一些合理解释，因为在流感大流行的第一波浪潮中，许多医疗专业人士只认为这是一种特别严重的流感毒株，而并没预见到会造成这种致命性。然而，在 1918 年 5 至 6 月间，就在第二波暴发之前，这个理由很快就不成立了。当时，疫情传播迅速增长，致死率也在迅速上升——不让公众知情，否认存在公共卫生安全风险，这是在主动将数百万人的生命置于危险之中。

┌─ 名字有什么意义 ─────────────────────

　　西班牙流感的名字来自西班牙对大流行的直言不讳。这却
让许多人相信病毒起源于西班牙，这个病毒还有其他名称，包
括"西班牙小姐"等。而有趣的是，在西班牙，这次流感大暴
发通常被称为法国流感。我们仍然不知道这种病毒的确切起源，
但许多历史学家认为最有可能的源头应该是美国。

───────────────────────────────────┘

　　在这之中，脱颖而出的一个国家是西班牙。在整个战争期间保持
中立，它没有理由审查关于全球流行病日益严重的新闻。从 1918 年
5 月起，流感新闻席卷了西班牙全国的报纸，尤其是在西班牙国王阿
方索十三世（Alfonso XIII）染病之后。作为少数几个能够公开谈论这
一流行病的国家之一，西班牙自然与这一流感联系在一起。1918 年
5 月下旬，英国公众第一次从《每日邮报》（*Daily Mail*）和《每日快
报》（*Daily Express*）的报道中了解到这种流感病毒，民间疯传有一种
"神秘的流行病"在西班牙肆虐。对此，《英国医学杂志》（*British
Medical Journal*）称这些报道是"危言耸听"。《每日邮报》很快就纠
正了自己的错误：在 6 月份一篇题为《流感来了吗？》的报道中，医学
专家提醒读者，流感只是一种重感冒，并建议预防流感的最好方法为
"保持乐观的人生态度"，因为那些处于"抑郁状态"的人更容易感
染。这成了一种普遍的立场——只有西班牙有严重的流感，其他国家
的任何病例都只是普通的日常流感。直到 1918 年 8 月 22 日，意大利
内政部长仍在拼命否认致命流感暴发的说法，而费城则不顾专家警告，
继续我行我素举行 9 月的巡游，这也为病毒的超级传播提供了土壤，

显然政府官员不想引起公众关注。

　　各种信息遗漏、错误传达，也导致了阴谋论。1918 年 6 月《纽约时报》的一篇文章引发了国际恐慌，因为作者思虑，这种病毒是否真的可能是德国的细菌战战术。而在其他领域，从爵士音乐到土壤污染，一切都遭到指责，甚至上帝会惩罚吟唱"淫秽歌曲"的人也被认为是原因之一。尽管如此，1918 年夏末，很明显出现了全球性健康危机，即使人们不清楚那到底是什么，也仍希望得到某种保护。于是一些品牌开始涉足政府给予明确指导的领域。德国润喉糖厂商福马名特（Formamint）声称，该产品由甲醛、牛奶和胃蛋白酶盐酸制成，可以预防西班牙流感。与此同时，齐默尔（Chymol）食品公司则鼓吹其生产的骨髓和鸡蛋混合食品可以降低流感死亡率，澳大利亚甚至为阿斯普洛（Aspro）牌阿司匹林投放广告，提倡服用危险剂量来对抗流感。

　　幸运的是，1918 年秋天，审查制度终于缓缓落下帷幕——在重大疫情（如费城游行和不断攀升的死亡率）之间，公共卫生指令得以迅速被执行，鼓励人们佩戴口罩、勤洗手，保持社交距离。具有讽刺意味的是，随着美国多州和城市强制执行口罩令，政府广告又转而开始影射不遵守公共卫生安全规定的人，推出了"口罩逃犯"一词，并打出了"咳嗽打喷嚏，释放毒气弹，会把疾病传，要掩住口鼻"等口号。我们永远不会知道，假如各国没有起初的流行病审查机制，原本可以挽救更多生命，但那时的逃避和否认确实对公共卫生以及人们的自我防护意识产生了重大影响。

安娜，还是安娜斯塔西娅？

1920 年 2 月 27 日，一名年轻女子被从柏林的兰德威尔运河（Landwehr Canal）水域救起。这名女子身无分文，没有任何能证明身份的文件，似乎也不记得自己是谁，当局不得不把她送进达尔多夫疯人院，名字一栏只能填"无名氏"。在检查中有两个发现，其一是她身上遍布伤疤，其二是她会说俄语。一年过去了，人们对"无名氏"仍然无从查起。但在 1921 年秋天，这位神秘的女人叫来护士，指了指杂志上一张俄国皇室的照片，许是什么东西勾起了她的记忆，也或许她只是觉得是时候开口了——她声称自己是安娜斯塔西娅·罗曼诺夫大公夫人（Grand Duchess Anastasia Romanov）。

3 年前，也就是 1917 年，第一次世界大战激战正酣，吸引了国际目光，俄国的经济得到好转。自从 1905 年第一次俄国革命以来，国内局势依然紧张，而俄国参与世界大战对缓解紧张毫无帮助。沙皇尼古拉二世还没准备好开战，更不用说他缺乏清晰的经济发展、军事筹划能力，让俄国人民为此付出了极大代价。强征入伍致使农田无人耕种，导致粮食短缺；工人被迫加班，以致罢工、骚乱频发。与此同时，俄军装备落后，内讧严重。尼古拉二世前去军中坐镇，留下妻子莎琳娜·亚历山德拉（Tsarina Alexandra）主持朝政，她小心翼翼周旋在那些比自己的丈夫更软弱的大臣中间，局面令人恼火，岌岌可危。在布尔什维克的支持下，俄国人民渴望革命的情绪高涨。1917 年 3 月，在二月革命后，尼古拉二世退位。次年，布尔什维克开始夺取政权。尼古拉斯、亚历山德拉和他们的孩子——奥尔加（Olga）、塔蒂亚娜（Tatiana）、玛丽亚（Maria）、安娜斯塔西娅（Anastasia）和阿列克谢（Alexei）均被软禁在家中，直到布尔什维克掌权尘埃落定，罗曼诺夫家族不可能再夺回皇位了。

1918 年 7 月 17 日凌晨，家族成员和贴身仆人被集中在叶卡捷琳堡（Ekaterinburg）的地下室里，遭到处决。他们的尸体被偷运出来，秘密埋在库珀特亚基（Koptyaki）森林里。一开始，只宣布了尼古拉斯的死讯，因此不难想象家族其他成员都已失踪，可能也已死亡。对很多人来说，这件事如鲠在喉，但这个 17 岁的安娜斯塔西娅的名字仍不断被提起。在罗曼诺夫家族的所有孩子中，她是与众不同的一个，活泼外向、天资聪颖——而据这位无名氏说，安娜斯塔西娅的确是设法活了下来。年轻女子声称她（安娜斯塔西娅·罗曼诺夫）在处决中并未丧命，只是被攻击后失去了意识。一位名叫亚历山大·柴可夫斯基（Alezander Tchaikovsky）的波兰士兵将安娜斯塔西娅和她的家人一起偷偷送到安全的地方，带他们逃往布加勒斯特（Bucharest）。在那里，她怀上了亚历山大的孩子，但亚历山大不久死于一场械斗。安娜斯塔西娅将孩子送给了领养人，然后动身前往柏林，希望能得到教母普鲁士公主艾琳（Irene）的帮助。然而一到柏林，她就绝望至极试图自杀——纵身跳进了兰德威尔运河。

故事很快传开，1922 年，艾琳公主还前往达尔多夫疯人院看看这个故事是不是真的。可一见到这位"安娜斯塔西娅"，艾琳就认定她是冒名顶替的，但并不是罗曼诺夫家族的每个成员和朋友都会这样做。1922 年 5 月，这位"安娜斯塔西娅"以安娜·柴可夫斯基的身份，得到了足够的民意支持，得以从疯人院释放，搬到亚瑟·冯·克莱斯特男爵（Baron Arthur von Kleist）家中。也许大家愿意相信她的故事，并不仅仅出于绝望。在 1918 年宣布尼古拉二世死亡后，新的苏维埃政府对于是否宣布整个家族的死讯出现了分歧。终于，死讯在 1919 年宣布，但新政府声称左翼革命党对此负责。可没过几年，这一说辞变了——除尼古拉二世和妻子外，其他女性成员都活了下来。然而在 1922 年，又统一口径为整个家族都活着。不断变化的说辞引发了诸多阴谋论谣言，因此柴可夫斯基女士的这些说法，似乎并不那么牵强了。

罗曼诺夫家族的其他成员

安娜·柴可夫斯基不是第一个，也不是最后一个声称自己是罗曼诺夫家族幸存者的人。多个安娜斯塔西娅和她的兄弟姐妹的冒名顶替者在几年间陆续出现，其中包括前中央情报局特工迈克尔·格勒涅夫斯基（Michael Goleniewski）声称自己是阿列克谢；玛格·布茨（Marga Boodts），她坚称自己是奥尔加，据称因此得到了教皇比约十二世（Pope Pius XII）的庇护和财政支持；还有另一个冒牌安娜斯塔西娅，尤金尼亚·史密斯（Eugenia Smith），甚至还签了书约。

　　尽管如此，还是有人持怀疑态度：1927 年，柏林的一家报纸雇了私人侦探马丁·克诺夫（Martin Knopf）来调查安娜的真实身份。经过一番深入挖掘，克诺夫宣布，安娜·柴可夫斯基实为波兰工厂的工人弗朗西斯卡·夏恩兹柯什卡（Franziska Schanzkowska），此人自 1920 年初便失踪了。她的家人为她担心了好几年，早在 1916 年，夏恩兹柯什卡在一家工厂爆炸事故中受了伤，所以身上留下了伤疤，并患上频繁发作的严重精神疾病。很多认识夏恩兹柯什卡的人认可克诺夫的观点，其中包括她的哥哥姐姐。然而，柴可夫斯基女士仍然不改口风，坚持自己就是安娜斯塔西娅·罗曼诺夫。在接下来的几十年中，夏恩兹柯什卡的家人不再坚持，并不是因为他们不再相信柴可夫斯基就是自己的妹妹，而是因为安娜斯塔西娅·罗曼诺夫的信徒狂热地围绕着她，逼问真相，令柴可夫斯基的精神疾病更加严重了。夏恩兹柯什卡不再被家族接纳，柴可夫斯基周围的人几乎都相信她的故事，不断敦促她向国会索要皇室税款，于是柴可夫斯基展开了长达数十年的申诉之路，想要继承罗曼诺夫家族的财产。这个案子最终在 1970 年被判败诉，但是柴可夫斯基以安娜·安德森·马纳汉（Anna Anderson Manahan）的名字生活，一直保持着安娜斯塔西娅·罗曼诺夫的身份，直到 1984 年离世。

　　1991 年，叶卡捷琳堡开始挖掘工作，陆续挖掘出沙皇尼古拉二世、妻子亚历山德拉以及三个女儿的尸体，可能分别是奥尔加、塔蒂亚娜和安娜斯塔西娅。另外两个孩子玛丽亚和阿列克谢的尸体，也于 2007 年在挖掘地附近被找到。使用英国女王丈夫菲利普亲王的 DNA 样本做比对，最终确定这些遗骸就是俄国皇室成员的。安娜·安德森·马纳汉确实并非安娜斯塔西娅·罗曼诺夫。那她究竟是谁？于是在 1995

年，又进行了一次测试，这次用的是弗朗西斯卡·夏恩兹柯什卡侄孙的 DNA，最终真相大白，DNA 比对结果显示母系亲缘关系，安娜确实是弗朗西斯卡·夏恩兹柯什卡。

塔斯基吉梅毒实验

梅毒是一种性传播疾病，最早记录于 1494 年，它的传播轨迹遍布全球，依赖于军事行动和国际贸易的展开，而进一步传播。因此，第一次世界大战期间，随着大规模的全球武装力量部署，到 20 世纪 30 年代，美国发现自己正处于梅毒大流行之中，估计有 1/10 的美国人携带梅毒，也就不足为奇了。幸运的是，对梅毒的科学研究正在兴起；然而，并不是所有研究都是利好。事实上，其中一个研究领域会导致史上最严重的医疗权威滥用。

在 19 世纪，随着《解放奴隶宣言》的颁布以及随之而来的对异族通婚的热议，美国对梅毒的研究开始集中在对这种疾病的种族划分方向上。医生们提出了一种变异的达尔文式理论，认为黑人在心理上和道德上生来低贱，导致晚期梅毒的发病率更高。值得注意的是，大部分研究都是在贫困地区进行的，那里的患者无法得到充分的治疗。尽管如此，这成了一个固定叙述——美国黑人是梅毒病毒的主要携带者。随着 20 世纪的到来，种族理论又添新的分支——神经梅毒悖论。该理论认为，尽管黑人更易感梅毒，但他们很少感染神经梅毒。正如 E. M. 哈梅尔（E. M. Hummell）博士在 1911 年所说，黑人的大脑充满了"无忧无虑孩童般的快乐",因此没有进化到足以感染神经梅毒的程度,这种病毒对于"生活在高度文明社会的白人"更易感。同样的,这项研究基于的实际研究较少,更多的是种族主义信条,但种族神经易受神经梅毒影响的观点流行开来。如果放任黑人患者的神经梅毒发病率继续走高,就可以对其进行研究,也许这是更好治疗甚至完全治愈的关键。但可以肯定的是,没有病人会同意以伪科学的名义被宣判死刑——必须找到另一条路,因此成立在亚拉巴马州的一所研究机构似乎就是"最优解"。

作为提高黑人社区受教育程度的措施之一,塔斯基吉研究所(The Tuskegee Institute)成立于 1881 年。1929 年,一群主要由黑人组成的医生团队在该研究所进行了一项梅毒研究,其中包括黑人患者;然而,他们提供的数据却是独一无二的,因为它不带任何种族遗传结构。当然,这一点完全被忽视了,但这项研究本身引起了美国公共卫生署(USPHS)的注意。他们正在寻找一个地方来开展神经梅毒悖论研究,塔斯基吉研究所在这种疾病研究方面有经验,而且当地有大量黑人人口,目前感染梅毒病例数量正在增加,所以这是理想的选择。

从塔斯基吉开始

在 2020 年和 2021 年,美国黑人 Covid-19 疫苗接种率较低,让人们又联想到塔斯基吉造成的创伤和由此带来的公众不信任感。然而,参与者的后代正在积极努力打破这一怪圈,成立"我们父亲的遗产"社团,为年轻先驱颁发奖学金,继续攻读生物伦理学和医疗保健学位,并公开讨论所了解的医疗保健手段。

1932 年，美国公共卫生署开始进行塔斯基吉梅毒实验。当地社区的许多梅毒患者没有得到治疗，主要原因是享受不到对应的医疗保障，而高昂的治疗费用令人望而却步。这使得美国公共卫生署认为这项实验是一项"自然研究"——他们希望被实验者目前并未得到医疗护理，可如果不对患者进行治疗，这真的不违反伦理道德吗？然而，报名参加这项研究的男性并未被告知不会受到治疗。为了获得大量的研究资源，政府承诺为那些患有"坏血怪病"的人提供免费检查和治疗，这些人的症状可能是由于自身贫血或梅毒造成。通过这些检查，研究小组挑选出患有梅毒的男性，然后在承诺进行更多治疗的情况下，使用脊髓穿刺来检测患者是否存在神经梅毒的早期迹象。在实验的初始阶段结束时，塔斯基吉实验招募了 399 名梅毒患者，另有 201 名未感染病毒的样本群体作为对照组。

然而，在 1933 年，这项实验遇到了两个巨大的障碍。首先，神经梅毒的发展需要数年时间，而且没有人的病程接近美国公共卫生署希望研究的病程晚期。他们想要研究疾病带来的最后影响，即对大脑的影响，然后进行尸检。正如该项目的领导者之一奥利弗·C. 温格（Oliver C. Wenger）博士所说："在这些患者死亡之前，我们对他们没有进一步的研究兴趣。"病程发展到这一步至少需要几年时间，而这项实验分配到的资金仅够维持 6 个月。但美国公共卫生署对当前取得的进展印象颇深，因此政府拨款无限期地支撑着这项实验。资金问题解决了，注意力又转向了第二个问题——参与者。这些男性现在需要终生参与实验，并让他们相信自己的梅毒会被治愈，即使他们实际上会死于梅毒。不仅如此，每个参与者都必须自愿签字，将遗体用于尸检。从项目管理角度来说，他们真正关心的只是得到遗体，而不是为了得到遗

体可能需要花费几十年来圆谎。温格和实验现场负责人雷蒙德·A. 范
德莱尔（Raymond A. Vonderlehr）在一系列信件中对此进行了轻率的讨
论，其中温格写道："后一种计划有个风险，就是如果实验对象意识
到接受免费医院治疗意味着最终的归宿就是尸检，那么所有黑人都将
离开梅肯县。"对此，范德莱尔回信写道："自然……我不想让大家
都知道，目前研究活动的主要目的就是进行尸检。"

"对策"就是建立社会信任。除了所谓的医疗护理之外，实验还
提供免费热餐和前往医院的交通费，以及助人为乐的医护人员定期回
访。这让人们产生了一种想法，认为这项实验将有助于永远改变社会，
拯救生命，提供一个崭新的、健康的前景。在大量支持前提下，患者
还被告知，如果他们参与该实验后死亡，还可报销丧葬费用，但前提
是签署过尸检协议。这些参与人都同意了，因为他们相信医生正在为
自己治疗，相信这是一种明智的疾病预防措施，以及，他们不会死去，
病情正在好转。

到 20 世纪 40 年代中期，青霉素已经广泛使用，成为治疗梅毒的
新方法。然而，塔斯基吉实验仍在继续。1941 年，许多男性患者加入
了美国军队，参加了第二次世界大战。作为军队医疗保健的一部分，
每个士兵都要接受梅毒治疗，但根据安排，256 名塔斯基吉新兵只得到
安慰剂而已。然而，这场实验无法持续太久。20 世纪 40 年代，这些参
与人已经接受了将近 20 年的治疗，但病情却日渐恶化。当他们看到其
他人只是服用了青霉素就恢复健康时，其中一些参与者开始另寻出路。
20 世纪 50 年代初，几乎三成参与者设法获得了外部治疗，但在实验管
理部门介入之前，估计只有 7% 的人获得了足够的治疗。这项实验的领
导者几近愤怒，因为直到那些年，才有足够多的参与人开始死亡，以

便有遗体进行真正的研究，其中 1/3 的死亡原因是神经梅毒和梅毒并发症。这些病人死亡也意味着实验成功了，温格急切地写道："我们以前只能猜测，现在了解到我们可以成为他们疾病的操盘手，缩短参与者的寿命。"如果病人现在接受外部治疗，实验就会失败。因此，实验负责人还做了一件不可思议的事情，他联系了周边县的医生，禁止他们为塔斯基吉参与者治病。通过这些做法，参与者被蒙在鼓里，得不到医护治疗，实验也得以持续到 1972 年。

　　那一年，美国公共卫生署的员工彼得·巴克斯顿（Peter Buxtun）公开披露塔斯基吉实验的真相。自 1966 年以来，巴克斯顿一直就该实验的伦理道德提出正式上诉，但始终遭到驳回。由于没有别的办法，1972 年 7 月，他只得将该计划的信息透露给新闻界。公众的强烈抗议迫使政府采取行动，在 8 月，塔斯基吉梅毒研究特设咨询小组成立，用以调查实验是否可以继续进行。调查结果显示，此项研究缺乏道德，将死亡责任推给患者自己，缺乏医疗护理，知情权却未得到保护，参与者之所以同意参与这项研究，是基于信息的不对等。于是塔斯基吉实验被立即叫停，彼时，只有 74 名参与者还在世——28 名男性死于梅毒，100 多名男性死于相关并发症，这些男性的伴侣们有许多在不知情的情况下感染了梅毒，这导致至少 19 名儿童出生时患有先天性梅毒。

　　然而，实验的影响并不局限于这个被破坏的社区。2016 年，一项针对该计划后续的研究发现，它引发了人们对医疗专业人员和公共卫生服务的大规模不信任，据估计，这反过来又将美国黑人男性的预期寿命拉低了 1.5 岁。

特莱西恩施塔特 "大剧院"

犹太人大屠杀机器建立在谎言之上。首批受害者是患有精神或身体残疾的犹太人，1933 年，纳粹党上台后，这部分人群立刻就成为众矢之的。1939 年，在 "安乐死" 一词的秘密掩护下，起初的系统性绝育手段逐渐变成了大规模屠杀。首先主要从有发育迟缓和学习障碍的儿童开始，他们的父母常常被告知自己的孩子将被送去接受专门的医疗护理，此后就再也见不到他们了，甚至最终寄到家中的是错发的骨灰和伪造的死亡证明。这种秘密屠杀手段取得成功后，又沿用到身体患有类似残疾的成年人身上，到 1940 年，专门的 "安乐死" 中心和毒气使用手段均已到位。最后，《最终解决方案》[①] 基础已打下，但创造者却面临着一个主要问题。虽然已经造成至少 30 万人丧命，但《最终解决方案》的计划将涉及百万人口。为了让行动得以继续，必须严格把控，采取前所未有的审查和保密机制。于是特莱西恩施塔特（Theresienstadt）的犹太人社区构想应运而生：一个通往死亡集中营路上的过路点，一

---

① 1919 年 9 月，希特勒写出他的第一份政治公文，宣称只有把所有犹太人移出欧洲，犹太人问题才能得到最后解决。

个获罪犹太人等待被送往奥斯维辛集中营的据点，但更重要的，是一个可以用来欺骗国际当局的伪城镇，以此证明纳粹没有杀害犹太人，不管谣言可能是什么。

特莱西恩施塔特隔都由神圣罗马帝国皇帝约瑟夫二世（Joseph II）于 1780 年建造，现在是捷克共和国境内的一个由围墙包围的小镇。19 世纪 80 年代，它几乎完全被废弃了；20 世纪 30 年代时，那里只有约 7000 人口。在纳粹占领捷克斯洛伐克期间，包括特莱西恩施塔特、波西米亚（Bohemia）和摩拉维亚（Moravia）在内的土地被吞并，并于 1941 年由莱因哈德·海德里希（Reinhard Heydrich）管理。海德里希是制造犹太人大屠杀的关键人物之一，作为他计划的一部分，他提出了一个想法，即为了掩盖未来种族灭绝的真实性质，纳粹需要一个诱饵，也就是一个真正的"样板"营地，以宣传在纳粹政权下，犹太人得到照顾的谎言。特莱西恩施塔特隔都正是这样一个地方，建有围墙，与世隔绝，易通往死亡集中营。1941 年底，镇上的居民被疏散，而新的"定居点"也建立了起来。

最终剪辑

格伦（Gerron）拍摄了一部时长 90 分钟、有关特莱西恩施塔特的电影，但永远不会上映。人们曾希望它能左右国际舆论，使《最终解决方案》得以完成。但当最后一次削减法案通过时，时间已经来到 1945 年 3 月，纳粹的失败已近在眼前。电影胶片被毁，但一段 20 分钟的影像在碎片中得以幸存下来。这些照片至今仍能被人们看到，给我们提供了一个直观恐怖的窗口，得以了解到人类历史上罪恶最为深重的宣传活动。

海德里希对特莱西恩施塔特最初的设想是将其作为一座空有名头的养老院使用。关于犹太人被带到哪里去，官方的说法是劳改营；然而，人们对此质疑：那些老年人，他们不能从事繁重的劳动，要怎么办呢？答案是，特莱西恩施塔特。海德里希下令把 65 岁以上、在战争中授勋、受伤或被评为战斗英雄的犹太人带到犹太人社区。为了圆谎，这些老兵被告知他们将被重新安置，并被要求签字放弃个人财产权利和财富，以换取在特莱西恩施塔特的"终身食宿保障"。然而，1942 年 5 月，一石激起千层浪，海德里希遭到暗杀，而他的第一批"模范"囚徒下月就要抵达。阿道夫·艾希曼（Adolf Eichmann）并没有取消这个计划，而是很快找到了一个替代者，这对提供保护《最终解决方案》的外衣、保证计划继续进行至关重要。

1942 年 6 月，当这些犹太老兵带着家当来到新的家园时，他们才意识到自己被骗了。住地是拥挤不堪的窝棚，多层床快摞到天花板了，几乎没有能伸开腿的空间。不到几周时间，营养不良频发，疾病频生。可尽管如此，次年 6 月，有两名德国红十字会代表受邀参观特莱西恩施塔特，并首次尝试利用特莱西恩施塔特进行大范围宣传。但这次参观效果极差，两位代表对亲眼所见的状况感到反胃，不断抱怨过于拥挤的生存环境。于是为了解决这一问题，9 月，德国决定将其中 5000 人（大部分以家庭为单位）驱逐到奥斯维辛集中营。这些囚犯没有立即被处死，而是被安置在新建立的特莱西恩施塔特家族营地；他们的头发没有被剃光，还被允许穿着平民服装。集中营的一项要求是，囚犯必须向外界写信，描述在奥斯维辛集中营受到的良好待遇，看守会在信件上标记"SB6"的字样——这意味着囚犯会得到优待，但在 6 个月后将被杀害。

　　1943 年红十字会访问的失败清楚地表明，为了让特莱西恩施塔特发挥作用，它需要成为"大剧院"。外表光鲜，却掩盖了日常发生在幕后的龌龊。它的第一次公演至关重要——须使得丹麦红十字会信服，驱逐犹太人出于人道主义。自从 1943 年 9 月，第一次试图驱逐丹麦犹太人以来，纳粹一直遭到反对。政府工作人员、宗教领袖、丹麦抵抗组织和大量民众尽其所能泄露集中营突袭的消息，警告犹太朋友和家人，并帮助他们逃离或躲藏。1943 年 10 月 1 日，在一次犹太人围捕中，只有 500 人被捕，7000 人逃生。随着丹麦红十字会砸开大门，想要了解这些集中营里到底发生了什么，纳粹决定最好的办法就是揭开崭新的特莱西恩施塔特隔都的幕布。1943 年底，一项"美颜"计划开始了：新增种植 1200 株玫瑰，新建一处郁郁葱葱的城市广场，并在围墙内开设了商店，销售从杂货到内衣的各种商品。还搭建了戏剧公园和演出舞台，绿树成荫的街道上点缀着剧院包厢，公寓也进行了改造。终于，在 1944 年 6 月，大功告成。

　　红十字会的访问日期定在 6 月 23 日。在此之前的几周，那些被认为不符合这里环境的犹太人被送到奥斯维辛集中营进行清算，腾出的空间用来改善老年人居住环境，并标榜提升当初的"退休养老社区"环境。剩下的犹太人穿着时髦的衣服，在党卫军的监视下，花了几个星期练习各自扮演的角色，无论是在公园里看着孩子们玩耍，还是在城镇中心"购物"。终于到了那一天，8 个多小时的时间里，红十字会代表被展示的完全是纳粹搭建起的幻想乐园。很显然，他们被玩弄于股掌之间，在最终报告中，红十字会瑞士分部的代表罗素尔（Rosell）博士高兴地指出："当然，很少有人的健康状况能像在特莱西恩施塔特那样，得到精心照顾。"对于被迫参与这场演出的犹太人来说，终于意识到红十字会不会进行干预，是一种空前打击。据特莱西恩施塔特老年人委员会的一位领导人利奥·贝克（Leo Baeck）说："他们似乎完全被为了自身利益而建立起来的虚伪前线所蒙骗……也许他们知道实情，但看起来似乎不在乎真相。这对我们士气的影响是毁灭性的，觉得自己被遗忘了。"

随着这次访问大获成功，纳粹又决定制作一部宣传片。演员和导演，包括德国演员玛琳·黛德丽（Marlene Dietrich）的前搭档库尔特·格伦（Kurt Gerron），都是从隔都的囚犯中挑选出来的，在党卫军的监督下，影片于1944年秋开拍。字幕卡片上写着："伟大的领袖给了犹太人一座城！"紧接着是特莱西恩施塔特幸福的生活场景，欢快的音乐响起，人群正在为一场足球比赛欢呼，兴高采烈的工人们在工厂车间忙碌着，女人们倚在门前闲聊。就连有关毒气室淋浴的阴暗传言也被平息了，取而代之的是男人们在公共浴池舒心洗浴的场景。但拍摄一结束，格伦和他的演员们就被送到了奥斯维辛集中营，在毒气室里遭到杀害。到1944年底，特莱西恩施塔特的囚犯估计只剩下1.1万人。

1945年3—4月，红十字会又两次造访，代表们似乎又一次相信了摆在他们面前的谎言。4月下旬，随着盟军开始解放集中营，大约1.5万名囚犯抵达特莱西恩施塔特，其中大多数是从其他集中营经历过死亡行军后的幸存者。随之而来的是伤寒，这种疾病很快在整个犹太区蔓延开来，造成大约1500人死亡。最后，在1945年5月2日，红十字会接管了集中营的运营，在随后的日子里，由苏联进行管理。大约有14.1万人曾到过特莱西恩施塔特，大部分都是犹太人，其中只有2.3万人幸存下来，其他人要么死在了隔都内，要么被驱赶到死亡集中营去了。

制造叛徒：伊娃·托古里·达基诺

"大家好！这里是你的小玩伴，我是说你的死敌，安，为我在南太平洋的受害者们做着危险而邪恶的宣传。"这段 1944 年日本人对美国军方的讽刺广播导致伊娃·托古里·达基诺（Iva Toguri D'Aquino）因叛国罪受到审判，并使其被称为美国历史上最臭名昭著的叛徒之一。具有讽刺意味的是，伊娃出生于 1916 年 7 月 4 日，也就是美国独立日这天，父母是日本移民，她在加州长大，曾是一名女童子军，参加过女子联谊会，毕业于动物学专业，因照顾生病的姑妈，于 1941 年前往日本。到达后的几周内，伊娃就迫切想回美国，因为她不会说日语，而且十分想家。然而，日军偷袭珍珠港将她的计划打乱了。进退维谷间，她拒绝放弃美国公民身份，随即被宣布为外敌。为了生存，她急需找到一份工作，最终，伊娃在日本首屈一指的宣传广播电台——东京广播电台，当了一名打字员。

利用海外电台进行宣传和心理战的想法，出现在 1941 年 12 月，日本对盟军宣战几个月后。1942 年 5 月，日本和美国同意交换外交官和俘虏，尽管这一计划很快流产，但在当年 8 月，1000 多名日本人从美国抵达横滨港后，又被遣返。为了增加日本在美国的宣传产出，船上的许多乘客被问及他们从哪里获得有关日本的新闻，其中大部分答案是海外电台——东京广播电台。东京广播电台随即开始大肆宣传，继而广播剧和独白也加入其中，强烈谴责美国军队。然而，日本驻伊朗大使市川广太郎（Ichikawa Hikotaro）认为能做的还有很多。他注意到，许多盟军士兵都在收听英国广播公司（BBC）的广播，而 BBC 就在节目中穿插宣传。然而，与东京广播电台不同的是，BBC 不仅仅用宣传，还用音乐、采访，以及亲切的主持人形象吸引士兵。于是东京广播电台彻底改变了主意，开始制作一组针对驻日及周边地区的澳大利亚和美国军队的节目。其中最著名的是《决战时刻》（*Zero Hour*），由战俘主办，播放西方流行音乐。更重要的是，该节目还包括由战俘朗读家书，以及与狱友分享新闻的内容。如果你想知道被俘的朋友怎么样了，那么你必须收听东京广播电台及其附带的宣传节目。这本来是一个巧妙的计划，但事实是，战俘们主持《决战时刻》是赌上了一切，把它变成一场彻头彻尾的闹剧。

《决战时刻》的负责人是查尔斯·库森斯少校（Major Charlse Cousens），他之前曾在悉尼担任电台制作人。和他一起主持节目的还有美国人华莱士·因斯（Wallace Ince），以及美籍菲律宾人诺曼·雷耶斯（Norman Reyes），后又决定《决战时刻》需再加入一位女主持，于是伊娃·托古里·达基诺也加入了。1943 年 11 月，伊娃首次出现在节目中，扮演"孤儿安"，一个播放唱片进行宣传的日本女人。伊娃会修改宣传团队给她的剧本，插入明显荒谬的音乐，比如旧时的手风琴曲目，采用多说美国俚语和提高语速的方式绕过新闻审查制度：

"你们好，劲敌们！策略怎么样？我是东京广播电台的安……所以要提高警惕，别让孩子们听到啦！都准备好了吗？那好，这是对你士气的第一个打击——波士顿通俗乐团演奏的《笙歌欢腾》（*Strike Up the Band*）！"

珍珠港

1941 年 12 月 7 日，日本对美国夏威夷珍珠港海军基地发动突袭。美军飞机和军舰被大规模摧毁，2400 名军民丧生。一天后，美国即对日宣战。

伊娃的幽默和不断反讽技巧使她成为听众的最爱，尽管如此，她正在努力适应自己在电台的角色。1944 年 4 月，因斯被一名警卫殴打后无法工作，离开了这档节目。6 月，库森斯因在战俘营的恶劣待遇而心脏病发作，也离开了节目。节目没有了主心骨，东京广播电台的高层实际接管了《决战时刻》，团队被迫放弃他们的闹剧，专注于宣传。为了反抗，伊娃不再去上班了，"孤儿安"也逐渐消失在电波中。

1944 年，关于神秘的"东京玫瑰"的报道开始出现，这是美军给东京广播电台的女主持人取的代号。这一角色可能最初是伊娃；然而，在 1944 年底，当她不再去电台上班后，便被其他多名女主持取代，包括古屋美叶子（Miyeko Furuya）和早川露丝（Ruth Haykawa），她们只是直接进行关于战争暴行的播报。1945 年，美国战争信息办公室的一项调查得出结论，"东京玫瑰"并非特定个人，而是一群女性的集合："没有'东京玫瑰'，这个名字严格意义上是美国大兵起的。"尽管如此，在 1945 年 9 月美国占领日本之后，记者们开始竞相揭开"东京玫瑰"的真面目。《大都会》（*Cosmopolitan*）的记者哈里·布伦迪奇（Harry Brundidge）得到消息说伊娃曾参与过《决战时刻》的录制，于是找到了她。此时，伊娃刚刚嫁给了葡萄牙裔日本移民菲利佩·达基诺（Filipe d'Aquino），这对夫妇正想方设法回美国。布伦迪奇出 2000 美元，要伊娃说她就是唯一的"东京玫瑰"，他们都知道这个故事不是真的。但由于需要钱，伊娃还是接受了。然而，布伦迪奇的出版商拒绝付钱，担心伊娃会起诉自己，这位记者把伊娃的虚假供词交给了反间谍部队。她被逮捕，并被拘留在横滨的巢鸭监狱一年多，才因缺乏证据撤销了对其叛国罪指控。

在被拘留期间，美国报纸报道了"东京玫瑰"的故事，于是，伊娃被打上了叛徒的标签。1946 年底，她申请了新护照，以便返回美国。八卦专栏作家沃尔特·温切尔（Walter Winchell）得知伊娃想回家的消息，于是发起了一场阻止伊娃入境运动，甚至得到了特工 J. 埃德加·胡佛（J. Edgar Hoover）和洛杉矶市议会的支持，后者通过了一项决议，禁止伊娃进入其父母现居的县里。随着公众敌意的加剧，杜鲁门总统的政府被迫采取行动——民众认为这届政府"对叛徒太软弱"，"东京玫瑰"必须为她的罪行付出代价！因此 1948 年 9 月，伊娃再次被捕，并被驱逐到旧金山，在案件开审之前被关押。10 月 8 日，伊娃被指控犯有 8 项叛国罪，政府对她立案，她在监狱里又度过了将近一年。

1949 年 7 月 5 日，对伊娃·托古里·达基诺的审判开始。案件缺乏实证，因为伊娃在 1945 年被捕后，《决战时刻》的许多录音都已被销毁了。在得以保存下来的录音中，并没有任何叛国迹象，因此检方在很大程度上依赖于证人的证词做判断，尤其是大木研一（Kenkichi Oki）和三尾乔治（George Mitsushio）这两位日裔美国人做证，伊娃曾直播庆祝一艘美国军舰被击沉。查尔斯·库森斯少校专门从澳大利亚飞过来为伊娃辩护，并解释了《决战时刻》中嘲讽的语气，但这些辩护都被无视了。9月29日，伊娃被判犯有一项叛国罪——利用麦克风传播美国船只被击沉的消息，罚款1万美元，剥夺美国公民身份，判处10年监禁。直到1956年才被假释，伊娃搬到了芝加哥与家人一起生活。尽管如此，叛徒的标签依然存在，伊娃仍需要不断面临威胁和被驱逐出境的处境。终于在1976年，一切都变了——《芝加哥论坛报》发表了一份调查报告，在这份报告中，大木研一和三尾乔治承认做了伪证，声称如果当年不在法庭上撒谎，他们就会受到被判叛国罪的威胁。1977年，伊娃获得了总统赦免，彻底洗清了自己的罪名。直到今天，她仍然是唯一被赦免叛国罪的美国人。

人口普查的真相

  1942 年 3 月，当伊娃·托古里·达基诺还在努力适应作为美国人在日本的新生活时，她的父母正面临着美国的监禁。当年 2 月，富兰克林·罗斯福总统签署了《9066 号行政令》，为居住在美国的日本人被关进战俘营扫清了障碍。表面上看，这是为了防止间谍活动、遏制"日本威胁"，尽管 1941 年 11 月的一份报告表明威胁根本不存在："当地的日本人忠于美国，或者，在最坏的情况下，他们希望通过保持沉默来避免惹祸上身或避开不负责任的暴民。"事实上，助理战争部长约翰·麦克洛伊（John McCloy）后来回忆说，建立战俘营的决定主要是基于公众的情绪，1941 年 12 月偷袭珍珠港后，民众对于日本血统的敌意急剧增加。这一决定无论出于什么原因，到 1942 年 8 月，美国西岸就有超过 10 万人被拘留在战俘营的临时营地；战争结束时，共有 12 万人生活在日本战俘营，而其中约 7 万其实是美国公民。可战俘营到底是如何迅速扩张的呢？答案很简单——人口普查。

  在 20 世纪 30 年代，一些人口普查数据的使用开始发生了黑暗的转折，出现了统计数据源被用于大规模的暴行和侵犯人权的几起重大事件。1936 年，第一次人口普查在全苏联进行。这次人口普查对于为政府提供制订经济计划所需的准确数据至关重要，但它也将揭示因农业集体化而造成数百万人死亡。当 1937 年 3 月人口普查数据完成时，结果令斯大林大为震惊。1938 年，荷兰开始了一项改善其人口登记制度的运动。这其实是一种积极的改变，实现了从出生到离世全程追踪公民人生的方式，并可改善周围的基础设施。然而，这些巨大的进步在 1941 年戛然而止，因为出现了一个"特殊登记"系统来定位和识别犹太人和罗姆人①。这一系统后又被用来拘留和驱逐犹太人、罗姆人去往集中营和死囚营。荷兰人口数据系统的强大意味着，尽管包括德国和波兰在内的其他国家出于同样的原因都实行了各自国家的人口普查，但在犹太人大屠杀期间，荷兰最终成为所有被占领的欧洲国家中犹太人死亡率最高的国家之一。

集中的真理

尽管这些集中营被公开称为拘留营，但实际上是作为集中营运作的，罗斯福总统本人也这样称呼它们。1946 年，内政部长哈罗德·伊克斯（Harold Ickes）解释了这种内部称呼："我们给这些风暴中心起了一个花里胡哨的名字，'重新安置中心'，但它们仍然是集中营。"

1939 年 9 月，第二次世界大战爆发后，美国联邦调查局和多个军事情报机构要求访问人口普查数据库，旨在评估人口中血统与轴心国，

---

① 罗姆人即通常所说的吉卜赛人，是一种世界性的流浪民族。

也就是德国、意大利和日本有关的公民数量。然而，美国人口普查局局长威廉·莱恩·奥斯汀（William Lane Austin）拒绝了这一要求，因这违反 1929 年的综合人口普查法规，该法规规定人口普查数据"仅用于统计目的"，"人口普查局局长（不能）允许除宣誓就职的人口普查局雇员以外任何人审查个人报告。"由于不顺从，奥斯汀于 1940 年被迫退休；又经过漫长的行政流程，1942 年 3 月，《第二次战争权力法》（War Powers Act）立法成功。这使政府机构有权访问任何在法律上被保护为机密的数据，只要数据是用于"有关战争进程"方面即可。正因如此，1940 年的人口普查可以肆无忌惮地用来区分和监禁美国日裔民众。

在第二次世界大战后的几十年里，许多国家在将统计数据用于拘留和驱逐少数族裔方面是透明的，但美国却一直保持沉默。然而，在20 世纪 60 年代末，日裔美国人社区内开始了一场运动，要求承认和赔偿他们在战争期间遭受的不公待遇——这就是著名的"平反运动"，正如他们的一本小册子所写的那样："对于在 1942 至 1946 年间所遭受不公正待遇的平反，不仅仅是孤立的日裔美籍公民的问题，这是一个所有美国人都关心的问题。补偿不是给自由或正义贴上价格标签。问题不在于复原无法复原的伤害。问题在于要承认错误，为遭受不公正的受害者提供适当的补救，从而降低这种不公发生的可能性。"

在此期间，要求美国人口普查局调查其在监禁日裔事件中所承担的责任的呼声日渐高涨。正如社会活动家、学者雷蒙德·冈村（Raymond Y. Okamura）在 1981 年向战时重新安置和拘留平民委员会发表的一份声明中阐述的那样："自 1960 年人口普查以来，人口普查局一直以所谓 1942 年拒绝向陆军部提供日裔美国人姓名和地址为主要卖点。"然而，人口普查局发声称，没有证据表明它曾根据 1942 年的《第二次战争权力法》发布过个人数据。1991 年，他们的态度略有改变，长期在此工作的埃德·戈德菲尔德（Ed Goldfield）称："据我所知，在日裔重新安置和类似案例中，最终解决的问题是，人口普查局提供了相当于统计数据的信息，但没有指明日裔的具体身份。"

直到 2000 年，两名学者马戈·安德森（Margo Anderson）和威廉·萨尔茨（William Seltzer）经过对人口普查局档案的深入研究，认为铁证如山，人口普查曾被用于实施监禁，并通过滥用机密信息迫害日裔美籍公民的个人权利。60 多年来，这一点不仅被否认，还被用来赢得信任。2000 年，美国终于道歉了，人口普查局局长肯尼斯·普雷维特（Kenneth Prewitt）承认："人口普查局曾以这样一种方式模糊其扮演的角色，以混淆其在监禁事件中起到的作用。更为糟糕的是，一些人口普查局的文件甚至会使得民众相信，人口普查局的行为实际上是在保护日裔美籍公民的权利。这种对历史的歪曲正在被修正。"

遗产行动

2009 年，3 名肯尼亚老年男子和两名妇女起诉英国政府，指控英国殖民当局在茅茅起义（Mau Mau Rebellion）期间对他们犯下累累暴行。茅茅起义是 1952 到 1960 年之间，肯尼亚土地和自由军在肯尼亚与英国殖民当局进行的勇敢斗争。1920 年，肯尼亚成为英国皇家殖民地，白人定居者把很多当地人赶出了自己的家园，特别是基库尤人（Kikuyu）。基库尤人是肯尼亚最大的民族，可现在却被边缘化，享有的政治权利少得可怜，他们迫切希望自己的国家能够恢复主权独立。英国殖民当局对此嗤之以鼻，他们解散了当地军队，建立集中营，开始实行暴力高压统治，以此作为回应。2009 年的起诉中，几名原告称，英国殖民当局下令后，他们经历了酷刑、性侵等折磨，其中两名男子甚至惨遭阉割。然而，尽管肯尼亚早已脱离殖民统治，英国当局却难以置信地对这些指控闪烁其词。起初，他们表示缺乏茅茅起义的相关文件，后又在 2011 年，承认存在一些秘密档案，其中包括与茅茅起义有关的文件。最终，他们回避指控的真正原因大白天下——有关殖民统治时期暴行的证据是确切存在的，只不过大部分消失了，因为英国政府烧毁了这些证据。

20 世纪的大英帝国国运跌跌撞撞，从 20 世纪 40 年代起，开始了几十年的去殖民化进程。政权交接的本质其实是政府文件的传递，包括过去和现在的档案文件。从理论上来说，英国政府会将所有文件移交给接任的当地政权；但显然，英政府并不想这样做。要做到这一点，就意味着向新独立的国家交出殖民统治期间英政府犯下的一桩桩、一件件恶行的证据。于是他们开始进行剥脱所谓"难堪"记录并偷运回英国的行动。问题是，运回如此大量的文件耗时非常长，而且大多数殖民地政府缺乏专门的人员来秘密行事。于是，他们很快转而采取了替代方案——能运走就运走，运不走则就地销毁，或借用一位殖民官员的话说："化为灰烬便不会遗漏。"

首先，焚烧文件通常是临时起意，因此缺乏思考，执行不力。1947 年，由于德里殖民当局过于尽忠职守的官员烧毁了大量记录，浓烟笼罩了这座城市好几天。1956 年，当英国殖民当局准备从马来亚撤离时，进行的销毁工作比德里要稍显有组织一些，在此销毁的记录包括对起义组织的镇压暴行、华人社区的大规模驱逐和逮捕行动、巴唐卡利村（Batang Kali）杀光烧光行动，以及被笑称为"丛林突袭"事件的相关记录。各地殖民办公室可以单方面决定什么"重要到需载入史册"，其他的都可付之一炬，甚至还动用了英国海军在新加坡的焚化炉，以避免引起怀疑。

但是什么被认为"重要到需载入史册"呢？这个问题给坦噶尼喀（Tanganyika）殖民地当局的工作人员带来了极大压力，他们在 1960 年 12 月开始了销毁殖民文件的工作。这一过程由达累斯萨拉姆（Dar es Salaam）副省长办公室的理查德·克利福德（Richard Clifford）监督，他不遗余力地阻止非洲同事查看待讨论的文件。而其余工作人员则被要求浏览档案文件的前几页，并根据这几页内容来决定是"大部分内容作销毁处理"，还是将其偷运回国内。庞大数量的档案和尽快浏览完毕的急迫促使出现了"安全"和"危险"两类文件——如果一份档案有一丝丝危险的味道，那么一把火点燃才是最安全的。这一办事方法随后又被传递给乌干达各殖民办公室，因为乌干达也走上了寻求民族独立之路。然而，乌干达各殖民办公室只有一小部分是欧洲白人，所以如果想要检查完所有档案，无论如何都需要几名非洲同事加入。英国安全部门军情五处（MI5）强烈反对这一做法，在一份备忘录中，一名生于非洲的助理工作人员曾强调，她不得参与该工作，而她最初受雇时劳动合同条款与现在截然不同，（当时）事关密级档案的处理并不以种族区分经手人员。

在设定了种族偏见门槛后，乌干达各殖民办公室很快就把"所有可能被解读为涉及对非洲人（或美国黑人）种族歧视的档案"，连同任何可能体现出宗教歧视的档案都一把火烧掉了。1961 年 5 月，在茅茅起义之后，肯尼亚殖民当局也启动了档案销毁程序，并沿用了在乌干达曾经使用过的方法。内部备忘录显示，一名非洲同事为一名负责遴选工作的文书工作人员泡了一杯茶送来后，工作人员甚至十分恐慌，并很快做出决定，这名非洲同事"在工作时间被禁止进入任何一间办公室"。而当工作人员们丧心病狂地在办公楼里隐藏的成堆机密档案被发现后，又泄露了更多惊天秘密，电梯井里发现了一箱被藏在这里的档案，标题皆是《心惊胆战：马来亚》《肯尼亚殖民地紧急计划》《情报与安全：秘密报告》之类。为了平息这一臆想和错误的狂潮，1961 年 5 月，英国殖民大臣伊恩·麦克劳德（Iain Macleod）向坦噶尼喀、乌干达和肯尼亚殖民当局发出了电报，列明了挑选和销毁记录的官方指导方针。

然而，事实证明，相对来说这一切都是徒劳，因为肯尼亚殖民当局工作人员没有掩盖好正在"重新整理档案"的事实，也没有掩藏好他们每周都会放的几把火。于是，1961 年 9 月，英国《卫报》报道了"档案堆上的大火：肯尼亚焚烧秘密档案"事件。为了避免进一步曝光，特立尼达（Trinidad）殖民当局对销毁档案执行了更为严格的命令，1961 年 12 月，特立尼达殖民当局解释说："我们不希望用一场焚烧海外国防委员会（ODC）档案的大清洗来庆祝独立日。"于是，他们选择将档案沉底，将成箱打包的档案扔进海里，此项工作最好是在晚上进行。而其他殖民当局办事处则提前几个月便开始烧毁档案，以防烟雾和灰烬挥之不去，比如在亚丁（Aden）仅焚烧工作就持续了一年。

秘密在哪里？

存放这些被认为值得保存的档案的秘密档案馆就是汉斯洛普公园（Hanslope Park），这是英国军情六处和外交部的一个分支机构，位于白金汉郡的一片宁静地带。据估计，这些档案占据的书架连起来长达 1 英里（约 1609 米），其中最早的档案可溯及 1835 年。2013 年，这些档案被转移，如今保存在新建的档案馆里，即国家档案馆。

这项被称之为"遗产行动"（Operation Legacy）的工作，一直持续到 20 世纪 80 年代，并一直遮盖着那层可有可无的面纱。在 2009 年诉讼之后，英国政府宣布对那些幸存的档案进行解密，最终到 2013 年

累计公开了 19957 份档案和文件。其中包括殖民地当局政府发出的"销毁证书"，以此证明档案被销毁的情况，上面会注明被销毁的内容。然而，来自"遗产行动"的多份内部备忘录显示，办公室请求允许忽略这一协议，这意味着世人永远不会明确知道究竟损失了多少历史档案。据已知情况，共有 41 个国家在英国去殖民化进程期间见证了载入史册的档案大规模被毁。英国可能永远无法改写它的殖民史了，但却可以烧毁它。

米拉瓦尔姐妹被掩盖的真相

　　作为独裁者，拉斐尔·特鲁希略（Rafael Trujillo）尤其糟糕。自从特鲁希略在 1930 年 8 月成为多米尼加共和国的独裁统治者以来，在一场被胁迫和威胁破坏的操纵总统选举之后，他的政权很快就把自己的代名词变成了恐怖和腐败。在他就职两周后，一场飓风席卷了多米尼加共和国，造成数千人死亡，并摧毁了该国的大部分基础设施。特鲁希略抓住这个机会控制了经济命脉，利用政府法令没收了银行资金，圈管行业，宣布国家进入紧急状态，此举将降低工人工资，同时将资金转移给部队。随着他的产业组合蓬勃发展开来，特鲁希略利用他的总统权力关闭了竞争对手的企业，并通过对从大米到水泥在内的所有商品发布固定政府指导价格来维持对市场的控制。至于他的对手，特鲁希略则用武力对待。对于那些曾公开抗议或质疑总统特权的人来说，在深夜被突然带走变得司空见惯。

　　在几年的时间里，特鲁希略完全控制了多米尼加共和国，从政府到经济，再到部队。横幅和海报上写着"特鲁希略万岁！""吃水不忘特鲁希略！"如今人们生活在极权政治之下，特鲁希略就是他们的老大哥，甚至可以说特鲁希略无处不在。米拉瓦尔（Mirabal）姐妹在奥乔戴阿瓜镇（Ojo de Agua）长大，她们分别是帕特里亚（Patria）、德德（Dedé）、米内尔娃（Minerva）和玛丽亚·特雷莎（María Teresa）。被独裁者统治只是日常生活的一部分，就像在农场做家务或去上学一样——她们可能并不喜欢这种一成不变的生活，但现实却无法改变。然而，在 1949 年 10 月 13 日，特鲁希略从一个默默无闻的监督者变成了米拉瓦尔姐妹生活中一个实实在在的存在。这位独裁者在他位于圣克里斯托波尔（San Cristobal）的豪宅里举办了一场派对，这离姐妹花们的家很近。特鲁希略在学校戏剧中看到了米内尔娃，此后她俨然成了特鲁希略新的征服对象，他强令米拉瓦尔一家参加派对，这样他就可以追求这位年轻女子。然而，当特鲁希略拉着米内尔娃跳舞时，她拒绝了，而这也给姐妹花们带来了严重的后果。她们的父亲恩里克（Enrique）被监禁起来，而米内尔娃和母亲则被关押在一家酒店中，长达两个月。

即使在米内尔娃获释后，特鲁希略也没有放弃。1952 年，她成为圣多明戈大学（San Domingo University）一名法律系学生；然而，总统却叫停了她从大二开始的课程，直到她参加了一系列与特鲁希略直面的会议。当她作为多米尼加共和国第一批女律师毕业时，特鲁希略否决了她从事法律工作的权利。由于无法工作，米内尔娃嫁给了她的学弟曼努埃尔·奥雷利奥·塔瓦雷斯·胡斯托（Manuel Aurelio Tavárez Justo，也被称为玛诺洛），并与她的姐妹们一起定居下来，过起了相夫教子的平静生活。至少表面上是这样。

香菜大屠杀①

> 除了特鲁希略政权的日常暗杀外，还有大规模的暴行，特别是1937年的香菜大屠杀。10月2日，独裁者下令处决居住在多米尼加共和国和海地边境的所有海地人，引发了一场导致数万人死亡的大屠杀。围绕这一点的新闻审查制度发挥了充分的作用，那些后来抗议大屠杀的人都消失了。

1960年1月，米内尔娃和马诺洛创建了一个地下革命组织——"6·14运动"。这个名字来自1959年爆发的多米尼加解放起义，当时一群流亡的多米尼加人试图推翻特鲁希略政权。现在，米内尔娃和她的丈夫承担起了责任，将持不同政见人士团结在一起。帕特里亚和玛丽亚·特雷莎也加入了这个组织，很快，姐妹们就围坐在厨房的桌子旁，制造炸弹，计划推翻独裁统治。

在该组织正式成立的几天内，特鲁希略的部队进入。1月20日，玛丽亚·特雷莎被捕后被释放，又再次被捕，而这次是和米内尔娃一起遭到逮捕。这对姐妹最初被关押在特鲁希略臭名昭著的"特殊"LA 42号监狱，那里酷刑和暴力当道。于是一场猫捉老鼠的游戏开始了。玛丽亚·特雷莎和米内尔娃不断遭到逮捕和释放——至于组织其他成员，特鲁希略正在逐个逼近、捕获、折磨和杀害。

"6·14运动"对独裁者特鲁希略来说一定是最糟糕不过的了。国

---

① 在这场大屠杀中，多米尼加士兵均随身携带一把香菜（也叫香芹），拦住边境的居民挨个询问，如果对方无法用西班牙语说出香菜的名称，即遭杀害。这是他们用于区分多米尼加人和海地人的方法，香菜大屠杀由此得名。

际社会公开反对他独裁统治的呼声日渐高涨。1月底，天主教进行公开谴责，以回应特鲁希略在镇压"6·14运动"中所采取的反人道手段。然而，无论逮捕了多少人，地下组织的抵抗仍在继续。继而，委内瑞拉总统罗慕洛·贝坦柯尔特（Rómulo Betancourt）也公开谴责特鲁希略政权，显然又是一波打击。为了报复，6月，特鲁希略策划了一次针对贝坦柯尔特的暗杀行动，但以失败告终，委内瑞拉向美洲国家组织提出了申诉。多米尼加共和国受到制裁，就连美国也不再支持特鲁希略政权。特鲁希略总统如今命悬一线，如果"6·14运动"继续发展下去，他会失去一切。特鲁希略固执认为，解决了米拉瓦尔姐妹就能化解危机，她们代表这场运动的母性面孔——如果他除掉她们，这场运动就会自行瓦解。

特鲁希略又制订了一个计划——玛丽亚·特雷莎和米内尔娃的丈夫仍被关押在监狱里，11月25日，她们和帕特里亚一起被安排去探视。姐妹们前去监狱的路线包括一段以车祸频发而闻名的路段，于是安排专人在那里拦截。当姐妹们从监狱探视完驾车回家时，车辆被拦了下来，她们被挟持上一辆没有任何标记的车辆，而司机鲁菲诺·德·拉·克鲁兹（Rufino de la Cruz）被留在米拉瓦尔姐妹的吉普车里。米拉瓦尔姐妹被强制带到一片偏远的甘蔗田里，掐住喉咙，乱棒打死。之后克鲁兹也被杀害，米拉瓦尔姐妹血肉模糊的尸体被装回吉普车中，连车带人推下山路——伪造成一场悲惨的交通事故。第二天，关于玛丽亚·特雷莎、帕特里亚和克鲁兹死亡的报道被公开，特鲁希略拒绝透露米内尔娃的名字。

然而，这一罪行掩盖不利，因为姐妹几人是在众目睽睽下被挟持。尽管发文经过特鲁希略审查，但多米尼加人还是看透了他的丑恶嘴脸，明白抵抗组织成员都遭到了无情暗害。这也成了压垮骆驼的最后一根稻草——特鲁希略政权的基石是对女性的驯化，把她们塑造成需要保护的弱女子形象。尽管他折磨并杀害了抵抗组织中的女性成员，但这和他暴力性侵的丑恶罪行一样，都受到了公众的审视。然而，米拉瓦尔姐妹的暴毙无法挽回。总统残忍杀害了三位女性——三位妻子、母亲——这也破坏了自身独裁统治的基础。通过谋杀米拉瓦尔姐妹，特鲁希略并未清除异己，反而令反对情绪更为高涨。在接下来的几个月里，反对独裁统治的呼声如滚雪球般膨胀，直到 1961 年 5 月 30 日，特鲁希略自己乘坐的汽车遭到伏击，遭枪击身亡。

接下来的几年时间，随着多米尼加共和国缓慢复苏，这个国家经历了脱离独裁统治的阵痛期。1962 年，杀害米拉瓦尔姐妹的罪犯受到了审判——这也是唯一与特鲁希略独裁政权期间侵犯人权有关的审判案件。独裁者消失了，但他带来的恐惧并没有消失，一片阴云笼罩着整个国家。然而，米拉瓦尔姐妹中有一位幸存了下来，就是排行老二的德德。她并未参与抵抗运动，而是承担起照顾这个家庭和农场的责任。在她的姐妹们死后，她不仅承担起了照顾孩子们的责任，还传承了她们无法再坚持下去的斗争。德德借助公众对米拉瓦尔姐妹被谋杀的了解，消除了多米尼加国内不敢直言的恐惧，也借助于米拉瓦尔姐妹的遭遇，围绕特鲁希略独裁政权所犯下的累累罪行展开对话。直到 2014 年去世，德德在几十年里始终不知疲倦地致力于创建一个民主的多米尼加共和国，继承并发扬那些以自由之名倒下的英雄的精神。

美莱大屠杀谎言遗产

1968年4月24日，美军完成了一项内部调查，调查主要围绕发生在南越美莱村的屠杀式袭击展开，美莱村是组成山美村的4个小山村之一。一个月前，也就是1968年3月16日，美军第11轻步兵旅的查理连（Charlie Company）被派去消灭越南第48营，这支部队是越共最精锐部队之一，一直隐藏在美莱村外围。根据军方调查，有20名平民在搜索和摧毁村庄的行动中死亡；然而，这一数字实际远超越共的死亡人数——对于美军来说，这次行动的成功着实令人兴奋。但在部队驻扎的营区，大家听到的故事却是另一个令人不适的版本。

1968年3月16日上午，查理连从美莱村两侧包夹。欧内斯特·梅迪纳（Ernest Medina）上尉在地面上指挥，武装直升机从头顶飞过，士兵们期待着一场战斗的到来。早上7:30，他们向该村发动炮击，以引出越共，但美莱村却一片沉默。小休·汤普森（Hugh Thompson Jr.）准尉在现场上空进行侦察，用无线电报告说，越军正在逃离村庄——美莱村周围的田野和树林"很热"（表示存在许多越共），但村庄本身"很冷"。可一进入村庄，士兵们才发现——村里都是平民，且以老弱妇孺为主，他们刚刚吃过早饭，开始做家务。但美军指挥官却并未将精力投入到周边地区，相反，他们下令继续执行最初的计划——搜索、消灭这个村庄。

　　房屋瞬间被夷为平地，而许多家庭成员都躲在里面。美军军官命令士兵们将村民围捕起来，带至水沟旁处死。一名士兵甚至朝自己的脚开了枪，因为这样他就可以离开即将变为大屠杀发生地的美莱村；然而，大多数士兵都只能服从命令。上午 8：30，感到疑惑的美直升机部队开始用无线电发送消息，称似乎发现成堆的平民尸体散布在通往美莱村的道路上。然而毫无回应。然后，不到 10：30，汤普森准尉发现梅迪纳上尉跟踪一名受伤的妇女进入田地，近距离向她开了两枪。汤普森在着陆前通过无线电要求停止屠杀平民，并试图在地面进行干预。他质问中尉小威廉·卡利（William Calley Jr.），后者彼时正负责监督处决十余人。卡利声称自己必须"服从命令"。无法阻止杀戮继续，汤普森指示自己的小队开始尽可能多地疏散平民。上午 11 点，梅迪纳上尉命令士兵们去吃午饭，大屠杀才逐渐平息。当士兵们在美莱村的废墟上打开餐盒时，汤普森回到了基地，对刚刚发生的大屠杀做了一份正式报告。梅迪纳上尉并未派出另一支小分队去核实汤普森的说法，就被要求报告平民死亡人数——他撒了谎，死亡人数只记录了 20 ~ 28 人。

　　3 月 18 日，梅迪纳上尉指示查理连的士兵保持沉默，不要透露发生的事情。汤普森再次无视这一点，继续推进他的报告进程，越南地方当局也加入了报告的行列，其中一人声称至少有 400 名平民被杀。军方勉强同意进行调查，但几乎没有采纳汤普森或越南人的报告。事实上，一些一直到 4 月 11 日还在美军手中的越南方面的报告，在 4 月 24 日调查结束时不知怎么就丢失了。有趣的是，许多军方自己撰写的，能够彰显他们在美莱村取得胜利的报告，在接下来的几个月里，也会逐渐"消失"。

事情发展至此，掩盖真相的行为就该结束了。虽然查理连的士兵们还在向他们的战友们讲述着大屠杀惨案，但这些故事只在军营食堂里流传。直到罗纳德·里登霍尔（Ronald Ridenhour）介入。作为第 11 轻步兵旅的一员，他曾与查理连一起训练，正是通过这些朋友，他听说了美莱村发生的事情。起初，里登霍尔还不相信，把听到的传言归结为战争时期的篝火故事——一个刻意耸人听闻的荒诞故事，仅此而已。但他还是无法摆脱听到这个故事后的影响，于是在接下来的几个月里，他开始四处打听。在将近一年的时间里，里登霍尔逐渐收集了一堆证据，揭示了美莱村发生的真实情况。1969 年 3 月 29 日，他在给国会、国防部和尼克松总统的一封信中列明了一切。这封信的大部分内容都被忽略了，只有一位收信人——支持里登霍尔的国会议员莫里斯·K. 尤德尔（Morris K. Udall）例外，他将这封信转发给了美国军方，并要求进行新的调查。

1969 年 4 月下旬，一项新的调查启动，这次调查包括查理连的证词和证据，为了能让一些积极参与大屠杀的美国大兵完整陈述事实，调查组以事后宽大处理作为交换条件。直到 9 月，收集的证据已足够，可以指控卡利是在进行有预谋的屠杀，针对查理连其他关键人员的类似案件也陆续立案。尽管如此，美国军方还是打定主意试图对美莱大屠杀保持沉默。1969 年 11 月 13 日，自由撰稿人西摩·M. 赫什（Seymour M. Hersh）发表了一篇爆炸性的文章，揭露了卡利被控谋杀的事实。随后，他又迅速发表两篇文章，其中包括对查理连士兵的采访，详细描述了在美莱村发生的残暴行径。为了进一步揭露大屠杀真相，曾参与美莱大屠杀的中士罗纳德·哈伯勒（Ronald Haeberle）向《生活》（*Life*）杂志出售了他秘密拍摄的大屠杀彩色照片。12 月 5 日，美国各地报刊亭都大范围地挂出哈伯勒的照片，其中甚至包括婴儿和幼童被残忍杀害的悲惨画面。真相终于大白，掩盖真相已不可能。

于是又一项深入调查得以启动，这也证实了美莱大屠杀暴行的存在，1970 年的"同行调查"发现，"从连到师，每一级指挥官，都采取了省略措施，有效地向上级隐瞒了发生的事件"。然而，全连只有卡利一人被判犯有谋杀罪。在其他 26 名被指控人中，包括梅迪纳上尉在内都被无罪释放或被撤销指控。1971 年 3 月 29 日，卡利被判终身监禁，但于 1974 年获释。在调查和宣判之后，五角大楼成立了越南战争罪工作组（Vietnam War Crimes Working Group），作为特别工作组对其他潜在的军事暴行进行调查。2003 年，记者兼历史学家尼克·图尔斯（Nick Turse）在阅读解密后的文件发现，工作组确实调查到诸多战争罪行，包括另外 7 起大屠杀案；然而，仍有 500 余项战争罪指控并未得到证实，主要是由于缺乏调查。

那美莱村呢？大屠杀死亡人数在国际上并未得到一致认可；最可能的死亡人数是大屠杀幸存者给出的 504 人。他们的名字被镌刻在美莱村的一面金墙上，自那以后，美莱村的大片土地上建成了战争博物馆和纪念馆。

切尔诺贝利灾难

1986 年 4 月 25 至 26 日晚，苏联切尔诺贝利核电站的第四机组发生爆炸。这只是苏联境内一系列核电站事故之一，但它将是有史以来最具破坏性的，这次爆炸造成的灾难性后果预计会持续数万年。

切尔诺贝利事故的开端到结局都充斥着谎言和疏漏。灾难发生时，苏联是全球核电生产的领军人之一，致力于将未来建立在这种能源基础上。切尔诺贝利工程一味在追求削减成本。乌克兰记者柳波夫·科瓦列夫斯卡娅（Lyubov Kovalevskaya）是切尔诺贝利当地报纸的记者和编辑，她回忆说，在核电站建设过程中，经常遇到人手不足、材料不匹配和设备短缺等问题，建设和安全周期从最初就低于行业标准："第一个能源堆的问题传递给第二个，第二个到第三个，以此类推。"甚至在设计核电站的高功率通道式反应堆（RBMK）时，也出现了偷工减料的做法，这样一来事故不仅无法规避，反而成了必然结果。在1986 年之前，已经发生了一系列事故，包括 1975 年的列宁格勒核电站事故和发生在 1982 年的切尔诺贝利核电站事故，这两次事故都导致了整个核电站和附近环境的核辐射泄漏，但核反应堆都得到了及时保护，很快就恢复了工作状态。在切尔诺贝利灾难性事故发生的一个月前，科瓦列夫斯卡娅实际上已经公开发表过文章，揭露了核电站被掩盖的众多安全问题，但她那篇《并非那么隐私的问题》（*Not so Private an Issue*）却被核电官员当作造谣而不屑一顾。

1986 年 4 月 26 日凌晨，并非苏联首先通知邻国高水平核辐射即将波及他们，而是瑞典福什马克（Forsmark）发电厂的研究小组。4 月 28 日，也就是灾难发生两天后，他们发现了异常。一个传感器检测到一名福什马克工人的鞋子上有惊人的辐射值，于是启动了调查。在发现核泄漏并非来自该工厂，于是对工人刚刚路过的草坪进行分析，发现苏联核电站特有的放射性粒子。迫不得已，苏联不得不承认了此次核事故。

太空竞赛的成本

马雅克事故之所以保密，很大程度上是因为苏联原定于 1957 年 10 月 4 日发射斯普特尼克 1 号（Sputnik-1）人造卫星，而事故仅发生在预定发射日期的几天前。这是全球第一颗人造地球卫星，在苏联对美太空竞赛中可以作为一次降维打击。在这个关头，承认一场灾难性核事故并不会起到宣传作用，所以事件被掩盖了。

当世界刚刚得知切尔诺贝利核爆炸事故时，许多生活在辐射饱和地区的人仍滞留在原地。普里皮亚季市（Pripyat）从 4 月 27 日下午开始疏散市民，但政府并未告知原因，也未告知市民如何保护自己免受辐射威胁。这样做的原因，毫无疑问，仍是为了保密。灾难一发生，关于疏散的讨论就展开了，在 4 月 26 日清晨 6 点的会议上，核电站高层和政府官员就事件紧急性进行了讨论，因为他们知道，核电站的消防员在与切尔诺贝利接触几小时后就已经注定会死于辐射病。民防部门的成员也敦促立即撤离。普里皮亚季市被勉强疏散，但那些生活在切尔诺贝利辐射地区的小镇上的人，完全没有意识到目前所处的危险情况。民防部门意识到，如果仍不采取措施，会有更多的人死亡，因此在未来几天继续敦促采取行动，但是通过无线电广播通知附近居民紧急疏散，只会将目前掩饰的真相戳破。4月29日，国际媒体开始匆忙报道这场灾难。

在接下来的几天里，越来越多的人开始撤离。尽管如此，苏联仍不愿承认此次爆炸造成了多大的灾难，因此，任何尝试让受灾群众尽快撤离核辐射威胁区的努力，都受到了阻碍。再加上未能将碘化钾适当地分发给受威胁地区的人民——尽管苏联已经做足储备，但若真分发碘化钾，无疑是证明国际媒体是正确的。许多人不仅没有得到及时救治，转而还受到内部辐射影响。

事实上，直到苏联解体，切尔诺贝利的具体破坏程度和掩饰的谎言才全面被揭露。我们永远无法确切知晓切尔诺贝利事故造成的具体死亡人数，但根据白俄罗斯明斯克放射医学与内分泌临床研究所（Clinical Institute of Radiation Medicine and Endocrinology）的数据，1990年至2000年间，癌症确诊率上升了40%。至于对环境的破坏，切尔诺贝利附近地区在未来2万年内都不适宜人类居住。

编后记

　　我们所了解的历史，很多都植根于谎言和删减中。就像"遗产行动"中那些不太聪明的官僚主义做法一样，我们普遍认为的值得铭记的历史上的高光时刻，殊不知往往是未经深思熟虑挑选后留下来的。人们喜欢大团圆故事结局，故事里有正反派，这让人们对自己的国家有自豪感。我们不喜欢被绑住手脚，也不喜欢沉溺于无法解释的过去，这其实是可以理解的，毕竟，正如我们所看到的，这就是几个世纪以来消费历史的运作方式。事实上，本书中提到的许多历史时刻都逃不开这一宿命。但这并不意味着这是一种良性方式，它一定是不可持续的。

　　第二次世界大战后，对于记忆的学术研究突然呈井喷态势，尤其是关于我们是如何理解和记忆暴行的。从这个角度，我们学到了很多，而且还在继续学习，例如公众纪念馆、博物馆的重要性，以及在纪念和保护这些历史的过程中交织的教育活动。在对历史的反思中，还上了十分重要的一课——我们忽视、否认或推开这些历史，是百害而无一利的。短期来看，这会造成国家和国民的间隙，这种政治和精神裂痕实难恢复。这一情况继续的时间越长，裂痕就越严重，进而往往会转化成阴谋论和进一步谎言，给已经深陷泥淖的历史观角度认识世界带来更多误解。

虽然我们从小在学校就被教导，历史应是公正不阿的，但它逃不开被篡改的命运。不过这并不意味着，我们作为历史读者需要带有偏见。没有人喜欢不完整的故事——你也不会买一本小说，却把中间部分撕掉，对吧，那我们为什么要对历史做同样的事情呢？希望你在读完这本书时，会想知道更多，我知道，你一定会喜欢去寻找答案的。

致谢

　　真的非常感谢我的爱人西蒙，如果没有他不遗余力的支持和每天煮的咖啡，也不会有这本书！感谢我的妈妈，我的妹妹贝基，还有我漂亮的侄子哈里森，多亏他们，让我的每一天都充满了欢乐和爱意。十分感谢我的经纪人唐纳德·温彻斯特给了我一次机会，也感谢迈克尔·奥玛拉出版社的整个团队，特别是路易丝·迪克森和加布里埃拉·内梅特，感谢你们的专业和耐心。

参考书目

1. 约瑟夫·伯金，汉斯·布罗代尔，蓬尼·罗伯茨，威廉·G.奈菲，《女巫之锤与巫术构建：神学与民间信仰》（曼彻斯特大学出版社，2004）

2. 查尔斯·M.布兰德，《1180—1204：拜占庭对峙西方》（哈佛大学出版社，1964）

3. 伊恩·柯本，《历史盗贼：秘密、谎言和现代国家的形成》（波特贝罗书社，2016）

4. 威廉·达尔林普尔，《无政府》（布卢姆斯伯里出版社，2020）

5. 菲利普·德怀尔，林德尔·莱恩，《暴力剧院——历史上的屠杀、杀戮和暴行》（伯格翰出版社，2012）

6. 马修·弗雷泽，《真相：从古罗马到美国的谎言史》（普罗米修斯出版社，2020）

7. 凯琳·哈维，《冒名的兔子饲养员：玛丽·托夫特和18世纪英国》（牛津大学出版社，2020）

8. 林淳一郎，井深布莱恩，《归化敌人：对日裔美国人的监禁》（普

林斯顿大学出版社，2008）

9．林恩·亨特，《情欲与政治体》（约翰斯霍普金斯大学出版社，1991）

10．玛格达·泰特，《血色标签：反犹太神话的足迹》（哈佛大学出版社，2020）

11．卡米拉·汤森，《第五太阳：阿兹特克人的新历史》（牛津大学出版社，2019）

12．马克·B. 史密斯，《俄罗斯焦虑：历史如何解决问题》（艾伦莱恩出版社，2019）

13．艾米·索德罗，《展示暴行：纪念博物馆和历史上暴力的政权》（知识未锁定，2017）

图书在版编目（CIP）数据

人类不会停止说谎 ：关于战争、权力、阴谋的世界
史 ／（英）娜塔莎·蒂德著；刘杰，陈锐珊，李秋宜译
. -- 北京：中国友谊出版公司，2023.12
ISBN 978-7-5057-5738-7

Ⅰ．①人… Ⅱ．①娜… ②刘… ③陈… ④李… Ⅲ.
①世界史 Ⅳ．①K1

中国国家版本馆 CIP 数据核字 (2023) 第 204629 号

著作权合同登记号　图字：01-2023-5398

A Short History of the World in 50 Lies
First published in Great Britain in 2023 by Michael O'Mara Books Limited
9 Lion Yard
Tremadoc Road
London SW4 7NQ
Copyright © Natasha Tidd 2023
Illustrations copyright©Emily Feaver 2023

书名	人类不会停止说谎：关于战争、权力、阴谋的世界史
作者	［英］娜塔莎·蒂德
译者	刘杰　陈锐珊　李秋宜
出版	中国友谊出版公司
策划	杭州蓝狮子文化创意股份有限公司
发行	杭州飞阅图书有限公司
经销	新华书店
制版	杭州真凯文化艺术有限公司
印刷	杭州钱江彩色印务有限公司
规格	880毫米×1230毫米　32开
	8.125印张　190千字
版次	2023年12月第1版
印次	2023年12月第1次印刷
书号	ISBN 978-7-5057-5738-7
定价	59.00元
地址	北京市朝阳区西坝河南里17号楼
邮编	100028
电话	（010）64678009